Marion Schwarz

Würgerspeise und Lackschuhe

Kindheitserlebnisse
einer Heidelbergerin

wellhöfer VERLAG

Marion Schwarz wurde 1945 in Heidelberg geboren. Ihr Leben ist von vielen Höhen und Tiefen und einem rasanten Wechsel der Lebensumstände geprägt.

Mit 17 Jahren ist sie bereits Ehefrau und Mutter und jobbt nebenbei als Verkäuferin, Kontoristin, Dekorateurin und in der Gastronomie. Mit 26 Jahren holt sie Schulversäumnisse über den 2. Bildungsweg nach und studiert an der Pädagogischen Hochschule in Heidelberg die Fächer Kunst und Mathematik für das Lehramt an Grund- und Hauptschulen. 6 Jahre lang ist sie Grundschullehrerin in Mannheim, dann wechselt sie an eine Gesamtschule in den Odenwald. Sie heiratet ein zweites Mal, betreut Tochter und Stieftochter und wird mit 40 Jahren noch einmal Mutter eines Mädchens. Die letzten Jahre ihres Berufslebens arbeitet sie als Hauptschullehrerin in Mörlenbach und setzt sich hier in enger Zusammenarbeit mit ihrem Mann besonders für hilfsbedürftige deutsche und ausländische Jugendliche ein.

Mit 62 Jahren, im Vorruhestand, die Töchter erwachsen und ausgeflogen, findet sie endlich Zeit, ihre Kindheitserinnerungen schriftlich festzuhalten.

Wellhöfer Verlag
Ulrich Wellhöfer
Weinbergstraße 26
68259 Mannheim
Tel. 0621/7188167
www.wellhoefer-verlag.de

Titelgestaltung: Karsten Bittner, Bittner Dokumedia, Hoisdorf
Fotos: Alle abgebildeten Fotos entstammen dem Privatbesitz der Autorin.
Lektorat: Nicole Fieber, Ulrich Wellhöfer, Luisa Möllerhenn
Satz: Bittner-Dokumedia, Hoisdorf

ISBN 978-3-939540-41-0

Für meine Familie

Einen vergänglichen Tag lebt ich und wuchs mit den Meinen,
eins ums andere schon schläft mir und fliehet dahin.
Doch ihr Schlafenden wacht am Herzen mir, in verwandter
Seele ruhet von euch das entfliehende Bild.
Und lebendiger lebt ihr dort, wo des göttlichen Geistes
Freude die Alternden all, alle die Toten verjüngt.

Hölderlin, *Die Entschlafenen*

Hochschwanger stand sie am Straßenrand, die Wehen hatten eingesetzt. Ihre Klinik war fünf Kilometer weit entfernt. April 1945. Früher war hier die Straßenbahn gefahren, aber seit Einmarsch der Alliierten waren noch nicht alle Strecken wieder befahrbar.

Die Amerikaner hatten ihr Headquarter gegenüber. Streng bewacht, Schranken, Fliegengitter vor den Fenstern. Freundliche GIs – aus der schwiegerelterlichen Wohnung haben sie so manches Möbelstück herausgetragen, mit Ölfarbe auf Rückwand und Unterseite nummeriert und vorerst beschlagnahmt.

Patrouillen fuhren im offenen Jeep durch die Stadt. Ein Glück für sie: Ein amerikanischer Soldat brachte sie noch rechtzeitig in die Frauenklinik. – Mein Leben begann.

Karl-Hans war ein Hans Dampf in allen Gassen.

Wo war er an diesem Tag, mein Vater? Ein Jahr zuvor nach einem Heimaturlaub hatte er sich noch in den Wäldern versteckt. Den Krieg mache er nicht mehr mit. Feige sein? Darauf stand Todesstrafe. Abschreckende Beispiele dafür hingen aufgeknüpft an Straßenlaternen. Trotzdem. Die Uniform stand ihm gut.
Karl-Hans war ein Hans Dampf in allen Gassen. Gelernter Dekorateur, nun freiberuflich, voller Ideen, Visionen und erotischen Gelüsten. Mit Hut ein Humphrey Bogart-Typ, gepflegt, Siegelring an feingliedriger Hand, leicht gewelltem schwarzen Haar und einem alles durchschauenden Blick.

Meine Mutter war eine attraktive junge Frau. Das Engelchen, wie sie von ihrem Papa liebevoll genannt wurde, lebte mit ihren Eltern und ihren zwei jüngeren Brüdern wohlbehütet und verwöhnt in Ostpreußen, bevor sie sich, Hals über Kopf den Kriegswirren über Berlin und Dresden entfliehend, in Süddeutschland in Sicherheit wähnte. Am Dolmetscherinstitut lernte sie Englisch und im Schwimmbad traf sie meinen Vater. Von da an ging es bergab. Sie im Bikini, er in knapper Badehose – es war Verlangen auf den ersten Blick – und sie zogen zusammen. Hastig wurde geheiratet.

Die Freude ihrer Schwiegereltern, denen sie nun beide auf dem Geldbeutel lagen, war gespalten. Angetan war das Oberhaupt, ein Handelsvertreter für Schaufensterpuppen. Auffällig oft drückte er sich zum Leidwesen seiner Ehefrau nah an das neue verführerische Weibchen, angezogen von koketten Blicken und sinnlichem Mund. Meine Großmutter blieb reserviert. Die beiden waren ja noch so jung. Sie hatte recht. Die Scheidung war zwei Jahre später.

Nun war Mutti alleinerziehend. Ich war zwei Jahre alt und anstrengend.

Es galt umzuziehen, aber wohin?

Ihre Mutter aus Ostpreußen, Omi, half.

Ihr ganzes Leben bestand aus aufopfernder Hilfe für andere. Sie kam aus einem adligen Elternhaus, in dem Bedienstete die Alltagsarbeit verrichteten. Vorfahrende Kutschen, rauschende

Ballnächte, weite Wiesen und Felder, Unbekümmertheit waren ihr in Erinnerung geblieben. Sie heiratete Herrn Dr. B., Apotheker, Jäger, unter Hitler General, aus schlagender Verbindung. Sie wartete immer, bis es vorbei war und gebar ihm dann ein Kind. Zuerst Engelchen Evelyn, dann Rüdiger und zuletzt Wolfi, ihren Lieblingssohn. Selbstgebraute Apotheker-Spirituosen ließen den Gatten zum Feierabend oft etwas grober gegenüber seiner Frau werden, aber sonst mangelte es ihr an nichts und sie war ihm sanftmütig untertan, denn sie liebte ihn.

Als die Russen kamen, mussten sie Stadtwohnung und Landsitz aufgeben und fliehen. Ihre Tochter war zum Studium in Süddeutschland, ihre Söhne ohne Schulabschluss in die Armee eingezogen. Auf dem Treck konnten sie nur wenige Habseligkeiten in einer großen Holzkiste mitnehmen: das Hochzeitssilber, etwas wertvolles Porzellan, Fotoalben, Lieblingsbücher, Dokumente, Bargeld und Sparbuch, Federbett, Decken und warme Kleidung, eine Tisch-Nähmaschine und eine Liste über zurückgelassenes Inventar.

Irmgards mutiges Auftreten und ihre Russischkenntnisse bewahrten das Ehepaar vor dem Zugriff feindlicher Soldaten. Sie kamen durch und suchten zuerst in Niedersachsen bei Freunden Zuflucht.

Doch der Organismus meines Großvaters war diesen Aufregungen und körperlichen Strapazen nicht gewachsen und er starb bald darauf an den Folgen eines Magendurchbruchs. Die Söhne kamen körperlich wohlbehalten aus dem Krieg zurück und fanden sich bei ihrer Mutter ein. Sie bekam in Heidelberg eine Flüchtlingswohnung zugewiesen und da war auch noch Platz für meine Mutter und mich. Omi nahm alle unter ihre Fittiche.

Mannigfaltiger konnten die Eindrücke, die von da an auf mich einströmten, nicht sein.

Wir lebten in der Bergheimer Straße 59, neben dem Capitol-Kino. Vorder- und Hinterhaus waren vierstöckig, die armseligen, notdürftig ausgebauten Mansardenwohnungen nicht mitgerechnet. Durch eine sehr schwere, schwarz gestrichene massive Holztür, deren Fenster mit dickem Eisen vergittert waren, gelangte man zuerst in einen etwa sechs Meter breiten offenen Abstellraum für Fahrräder und Kinderwagen, bevor man über eine ebenso breite Steintreppe ins quadratische Foyer – mit auf einem Sockel erhöhter Marmorbüste eines berühmten Mannes – des ursprünglich hochherrschaftlichen Wohnhauses, Baujahr ca. 1910, gelangte. Rechts war unsere Wohnungsabschlusstür. Ging man an ihr vorbei, gelangte man über eine herabführende Treppe zu einem dunklen kleinen Vorplatz mit zwei Türen: die eine, geradeaus, führte zum Hinterhof, die andere, links um die Ecke, zum Keller. Vom Foyer aus führte eine blank gebohnerte dunkelbraune Holztreppe zunächst in die erste Etage des Hinterhauses, kleiner Absatz, dann in entgegengesetzter Richtung in die erste Etage des Vorderhauses. Der glatte hölzerne Handlauf schwang sich über gedrechselten Stäben in insgesamt neun Kurven bis hinauf zum Dachboden: eine hochvergnügliche Rutschpartie bot sich an und wurde von anwohnenden Kindern und deren Freunden aus der Nachbarschaft besonders bei schlechtem Wetter lautlos vorgenommen. Erwischen lassen durfte man sich nicht. Das Herunterrutschen war streng verboten und gefährlich. Man brauchte Mut.
Im ersten Stock residierte der Hausbesitzer mit seiner Frau. Alle übrigen Stockwerke waren jeweils von mindestens zwei Familien bewohnt. Im Hinterhaus befanden sich zudem ein Antiquariat und eine Kürschnerei, sowie, vom Hinterhof aus zugänglich, das Büro des Kinos und eine Kellerwohnung.

An unserer zweiflügeligen Abschlusstür mit Sternchenmilchglasscheiben waren fünf Schilder angebracht, aus weißem Emaille mit schwarzen Buchstaben: Herbald, Herrenschneider, 2 x läuten – aus schwarzem Blech mit goldener Schrift:

Zometsch, 3 x läuten – aus hellem Holz und eingebrannter Schrift: Familie Heschel, 4 x läuten – in Messing: ein größeres mit Dr. Budnowsky und ein kleineres mit Schwarz, damit war meine fünfköpfige Familie gemeint. Eine Klingel musste für alle reichen, ebenso eine Toilette am Ende des Flures mit Schnur an hoch aufgehängtem Spülkasten und von Omi geschnittenem Zeitungspapier über einer hölzernen Toilettenpapierrolle. Für insgesamt 13 Personen.

Rechts zur Straßenseite hin lagen drei unterschiedlich große Räume, die eigentlich mit Türen untereinander verbunden waren, doch die waren verschlossen und mit Mobiliar zugestellt. Die Räume waren hochherrschaftlich ausgestattet, mit Parkettboden, hohen Fenstern mit Oberlichtern, mit Stuck verzierten Decken, seidenartigen hellen Tapeten und dunkelbraun gekachelten Kohlenöfen, deren meterlange silbern gestrichenen Ofenrohre fast bis zur Decke reichten.

Der erste Raum hinter der Abschlusstür war nur sehr schmal mit einem Fenster. Er wurde zunächst von Herrn und Frau Heschel und ihrem fünfjährigen Sohn bewohnt.

Die zweite Tür im Flur war doppelt so groß wie die anderen Türen. Wurde einer der Flügel geöffnet, um Herrenkundschaft hineinzulassen oder zu verabschieden, fiel der Blick auf ein oder zwei Männer, die mit gekreuzten Beinen auf einem langen, sich über die Breite zweier Doppel-Fenster erstreckenden, hölzernen Tisch saßen und nähten. Der Schneidermeister Herr Herbald war stets sehr vornehm mit weißem Hemd und schwarzer Weste bekleidet. Um seinen Hals schlängelte sich ein gelbes Maßband. Seine Stimme war leise.

Hinter der nächsten Tür lebte Frau Zometsch mit ihrem kleinen Sohn. Bernhard war drei Jahre älter als ich, zielstrebig und geduldig wie ein Esel und mein liebster, immer anwesender Spielkamerad.

Die Räume auf der linken Seite des Flures gingen zur Hofseite hin. Sie waren bescheidener. Glatte, mit Farbe gestrichene Wände, keine verzierten Decken, keine Doppelfenster, einfacher Gummi-Bodenbelag.

Der erste Raum war die Küche für alle. Durch das Fenster fiel wenig Licht, man sah auf die Wand des Hinterhauses. Das steinerne Wasch- und Spülbecken lag direkt vor dem Fenster. Die Holzbretter des Bodens davor waren von ständig überschwappendem Wasser verfault und notdürftig mit einem Stück Linoleum verstärkt. Über dem in einer Ecke stehenden Herd, der mit Kohlen geheizt wurde, hingen immer an drei gespannten Schnüren irgendwelche zum Trocknen aufgehängten Wäschestücke, daneben stand ein Gasherd mit Backofen.

In der schmalen Kammer, die sich an die Küche anschloss, schliefen Omi und ich.

Durch eine Zwischentür gelangte man in ein etwas größeres Zimmer, unser Wohn- und Muttis Schlafzimmer, von dem man auch über den Flur die Wohnung verlassen konnte.

Ganz am Ende des Korridors war noch ein enger Raum, Platz für meine beiden Onkel.

Das war 11 Jahre lang mein Zuhause, ich liebte es.

Unter den Erwachsenen wurde es oft laut, man stritt sich über ein Wer, Wann und Wo, Türen knallten. Für mich unbedeutend, denn ich wurde zuvor immer sorgsam außer Reichweite gebracht und konnte im gedämpften Geschrei, zumeist in meinem Bett mit Gitterstäben, der Phantasie freien Lauf lassen.

Ich liebte Muster über alles. Muster auf Tapeten und Teppichen, auf Hand- und Tischtüchern, auf Kleiderstoffen und Bettwäsche. Auch konnte ich als Zweijährige schon mit der Schere umgehen, warum sich also nicht die herrlichen Damast-Rosen aus dem Bettbezug sichern? Man rätselte, wie ich an die Schere gekommen war – die lag immer auf dem Tisch am Kopfende meines Bettes, neben der Nähmaschine.

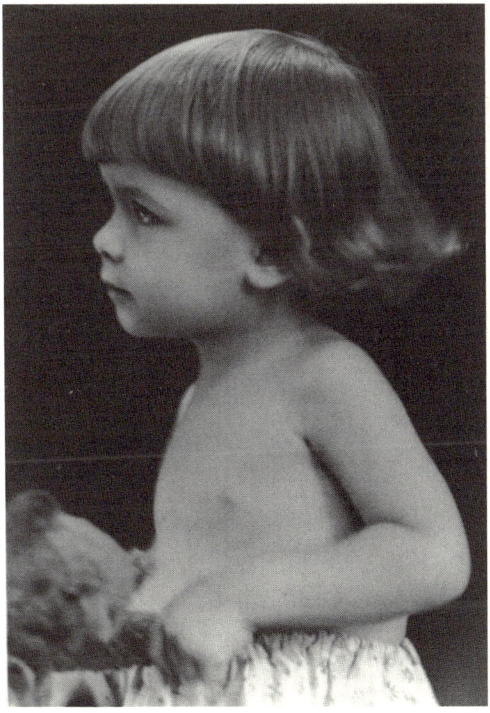

Ich liebte Muster über alles.

Abends, bevor es ins Bettchen ging, wurde ich aufs Töpfchen gesetzt, um mit Hilfe eines „pssssspsssspssss“ meiner fließendes Wasser nachahmenden Großmutter Pippi zu machen. Manchmal ließ man mich mit dieser Aufgabe auch allein und es blieb dann ausgiebig Zeit, das gemachte Geschäft eingehend zu untersuchen. So kam es schon vor, dass ich zum Unverständnis der Großen hingebungsvoll in der braunen, angenehm warmen, Pampe matschte. Doch auch diese Unart lernte ich abzustellen.

„Wer nicht hören will, muss fühlen.“
Und ich fühlte oft.

Mein Vater meinte, so hörte ich die anderen sagen, dass auch ein Eimer kaltes Wasser mein Gemütchen kühlen würde. Ja, Papi kümmerte sich ab und zu um seine kleine Tochter und versuchte dabei immer wieder, sich seiner einst großen Liebe erneut zu nähern.

Mutti blieb eisern. Sie verdiente nun den Lebensunterhalt für die Familie. Sie hatte eine Anstellung in der Maryland Universität als Dolmetscherin ergattert. Sie rackerte sich für uns ab.

Zum Abendbrot bis zum Schlafengehen und an den Wochenenden, samstags ab 9 Uhr, sonntags ab 10 Uhr war sie für mich da. So wohlig warm und weich war es, wenn ich mich, morgens aus meinem Bettchen geklettert und barfuß zu ihr hinübergelaufen, dann unter ihrer Bettdecke an sie kuscheln durfte.

Wir spielten mit unseren Fingern. Sie zeigte mir meinen Daumen und den Zeigefinger, der die Pflaumen schüttelt, den Mittelfinger, der sie aufliest und den Ringfinger, der sie nach Hause trägt. Entzückt war ich über den kleinen Finger. Der Schlingel aß alle alleine auf.

Interessant war auch das Spiel mit dem Laden. Dazu legte ich zuerst wie zum katholischen Gebet meine Handflächen aneinander und klappte den rechten Zeigefinger nach unten.

Nun sahen meine Hände wie ein Häuschen mit spitzem Giebel aus und der Zeigefinger war die Ladentheke. Meine beiden davor liegenden Daumen wackelten nun lebendig vor- und rückwärts: „Pitsch und Lehmann gehen in den Laden, wollen kaufen Käsemaden.“ Da schob sich aus dem Hintergrund einer der kleinen Finger als Verkäuferin hervor an die Theke, wackelte mit dem Kopf und säuselte mit hoher Stimme: „Käsemaden hab’ ich nicht.“ „Pitsch und Lehmann drücken sich“, klang es tief und dunkel und die Daumen verschwanden unter der Laden-Theke.

Nachts, wenn ich schlief, hatte sie auch ein bisschen Zeit für sich selbst. Da lernte sie einen Klaus kennen, auf dessen breiten Schultern man hoch oben einen erhabenen Überblick hatte. Er liebte uns beide, wollte sie heiraten und mit uns nach Amerika auswandern. Doch Mutti konnte Omi nicht zurücklassen und so reiste er allein.

Ein reibungsloses Zusammenleben der vielen, völlig verschieden veranlagten Erwachsenen erwies sich als äußerst schwierig. Das Problem vereinfachte sich, als Frau Heschel, eine langbeinige Rothaarige mit grell geschminkten Lippen, mit ihrem Anhang in Ziegelhausen auf einem Bauernhof eine neue Unterkunft fand. Später erzählte man sich, dass der kleine Frieder unglücklicherweise in Hühnerdreck gefallen und an Wundstarrkrampf gestorben sei. Dieses Schicksal sollte mir erspart bleiben, Omi besorgte Jod.

Die Raumverteilung änderte sich. Frau Zometsch bekam die hintere linke Kammer meiner Onkel als Küche, Onkel Wolfi beim ‚Ami' Anstellung und Unterkunft und Onkel Rüdiger bezog das schmale Zimmer der Heschels. Wir hatten nun eine eigene Küche, in der gelegentlich nur noch Herr Herbald höflich um etwas Wasser bat, das er mit Hilfe eines Tauchsieders in seinem Atelier erwärmte und damit einen duftenden Kaffee bereitete. Manchmal drang auch ganz leise Radiomusik aus diesem Raum, aber sonst war es dort sehr still.

Das Sagen in unserer Wohngemeinschaft hatte offensichtlich Frau Dr. Irmgard Budnowsky. Sie erzog mich, gab allen gute Ratschläge, auch meinem Vater, der sich mit meinen Onkeln angefreundet hatte. Sie machte täglich Feuer, kochte, nähte, schrieb Briefe, erledigte Behördengänge, Einkäufe, klaute Kartoffeln, Kohl und Äpfel auf den Feldern bei Kirchheim und versuchte ab 1949 das spärliche Geld zusammenzuhalten, das sie trotz wiederholtem abendlichen Geschrei nicht von allen bekam, die hätten zahlen müssen. Sie war für alle immer da.

Auch Frau Olga Zometsch hatte sich ihr untergeordnet. Olga putzte bei uns. Sie war ein kleines drahtiges, munteres Persönchen mit dauergelocktem, dunkel gefärbtem Haar und ausrasierten, dünnen, mit schwarzem Stift nachgezogenen Augenbrauen. Man munkelte, sie sei eine Bolschewistenbraut, wie sonst seien die slawischen Gesichtszüge ihres Sohnes zu erklären. Auch Amiliebchen wurde sie genannt. All zu oft musste Bernhard die Nacht auf zusammengeschobenen

Küchenstühlen verbringen, der arme Bub. Aber sie half uns. Bevor sie sauber machte, zog sie mich morgens mit eiskalten roten Fingern an und das war schwierig, denn ich machte unter großem Gekicher und Gestrampel immer das Gegenteil von dem, was sie wollte. Sie war sehr tüchtig.

Bernhard hatte in körperlichen Dingen viel Erfahrung und oft den Drang, mich in seine Kenntnisse einzuweihen. Einmal überraschten uns die Großen dabei, wie wir uns nackt mit gespreizten Beinen gegenübersaßen. Bernhard erklärte mir, wie der süßlich riechende Hautklumpen zwischen seinen Beinen, der so ähnlich wie der Handgriff meines Springseiles aussah, zwischen meine Beine passt. Seine Mutter wurde informiert. Der Lederriemen war die Höchststrafe, ich ging unter Bemitleidung straffrei aus.

Papi, der keinen Unterhalt für mich bezahlte, erfuhr von dieser Geschichte nichts.

Papi war stolz.

Eines Tages führte er mich aus. Es ging zum Essen in die feudale Reichspost am Bismarckplatz. Es roch nach köstlichen Speisen. Die Tische waren mit gestärkten weißen Tüchern bedeckt und schwarz gekleidete Herren schwebten lautlos um uns herum und bedienten. Zur Überraschung aller konnte ich vorschriftsmäßig mit Messer und Gabel umgehen, obgleich ich, trotz eines Kissens unter mir, kaum über den Tisch schauen konnte. Manieren hatte man mir schon beigebracht. Papi war stolz. Übermütig und tollkühn warf er mich manchmal durch die Luft seinen Freunden zu. Sie fingen mich, darauf konnte ich mich verlassen, mit starken Armen immer auf und ich quietschte vor Vergnügen.

Ich war für alle ein Püppchen und so nannte man mich dann auch: „Püppi“! Diesen Namen konnte ich nicht leiden, Puppen auch nicht besonders.

In dieser Zeit war Verkleiden für mich das Größte. Dazu reichten anfangs Tücher, eins um die Brust geknotet, eins um die Hüfte, eins um den Kopf und silberne Sandalen mit Blockabsatz. So übte ich Gesang und Tanz auf dem Mosaikboden vor unserer Haustür, balancierte klappernd die Stufen des Treppenhauses auf und ab oder führte schließlich, zusätzlich mit Handtasche und Handschuhen ausstaffiert, das Eingeübte im Hof vor. Als feine Dame. Hier hatte ich Zuschauer. Amerikaner.

Durch eine Einfahrt in unserem Wohnhaus getrennt, ging es gleich nebenan einige breite Marmor-Stufen zum Kino Capitol hinauf. Verbotenes Terrain, denn die amerikanische Armee hatte es beschlagnahmt. Geschäftiges Treiben belebte unseren Hof. Amerikanische Soldaten in hellbeiger Uniform und mit schiffförmigen Kopfbedeckungen luden aus olivgrünen Jeeps allerlei Kartons und Kisten aus und verschwanden damit durch eine Hoftür in ihr Büro im Parterre des Hinterhauses oder über einen am Ende des Hofes gelegenen Hintereingang ins Kino. Sie brachten Proviant für die Kinobesucher: Pepsi-Cola, Popcorn, Hersheys with Almonds, Butterfingers und Lollys, riesengroße flache, runde, in allen Farben schillernde Scheiben.

Die Amerikaner waren sehr kinderlieb. In der Stadt hatten sie an einigen Stellen Kakao-Küchen errichtet und regelmäßig bekamen wir Pakete aus Amerika mit Milch- und Eipulver und mir bis dahin unbekannten, fremd riechenden Malstiften aus Wachs in grellen, unnatürlichen Farben – herrlich.

Die Kinobesetzer hatten mich schnell in ihr Herz geschlossen und mir hatte es besonders das ungewöhnliche braune prickelnde Getränk angetan. Mit „what's your name?" nahm man mich oft auf den Arm, wippte mich auf den Knien und reichte es mir in Bechern aus gelackter Pappe. Die Deckel der geöffneten Flaschen durfte ich behalten, mit unverbogenen Blech-Exemplaren ließen sich Muster legen, am Innenbelag aus Kork war Bernhard sehr interessiert.

Wenn ich mit meinen Darbietungen in Verkleidung wartete,

bis Kinopause war und die Zuschauer auf eine sich zu unserem Hof hin öffnende erhöhte Terrasse traten, um zu rauchen oder frische Luft zu schnappen, wurde ich mit lauten Bravo-Rufen und heruntergeworfenen Pennys belohnt. Wir Kinder profitierten, ebenso unsere männlichen Verwandten. Für sie sammelten wir, wenn das Publikum verschwunden war, die halb gerauchten, achtlos weggeworfenen Zigarettenstummel auf, pulten die Tabakkrümel aus dem weißen Papier und lieferten die gesammelten Reste zu Hause ab.

Dem deutschen Hausmeister des Kinos war es zu verdanken, dass alle Kinder, die in meinem Haus oder in der Nachbarschaft wohnten, heimlich auch das Innere des Kinos kennenlernten.

Am Samstagmorgen war Matinee.

Unter der Auflage uns nicht zu mucksen, durften wir uns durch den Hintereingang über eine Treppe in den ersten Rang schleichen.

Auch für unser leibliches Wohl war gesorgt, wenn auch stark versalzen: Der Hausmeister hatte die Woche über auf dem Boden des Zuschauerraumes liegen gebliebene Popcorntüten eingesammelt, die sich in ihnen befindlichen Reste zusammen geschüttet und für uns portioniert.

Übertriebener Genuss führte bei mir sogar einmal zu einem mit roten juckenden Pusteln übersäten Körper. Mein Kinderarzt konnte sich diese Erkrankung nicht erklären, ich aber durfte von der Ursache nichts verraten. Es war ein Geheimnis.

So lernte ich ohne Wissen meiner Familie alle Walt Disney-Figuren kennen. Es schwirrte einem der Kopf von dem schnellen Ablauf der Bilder und den facettenreichen Geräuschen und Worten in unverständlicher Sprache und ohrenbetäubender Lautstärke.

Einige Male sahen wir auch amerikanische Spielfilme. Sie spielten entweder tief unter Wasser, auf dem Mond, in den Weiten der Prärie oder in dunklen Gassen. Obgleich ich nichts verstand, spürte ich, wer gut oder böse war, ob Gefahr drohte oder die Rettung nahte, erlebte, tapfer in den Kinosessel gekrallt, Folter und Gräueltaten.

Wenn ich dann nach der Vorstellung wieder ins Freie in die Helligkeit trat, flimmerte es mir vor den Augen und ich war von einer mir bisher fremden Unruhe erfasst. Mir war richtig schwindelig.

Eine Säule im Capitol-Filmtheater

Mutti ahnte von all den Kinobesuchen nichts, sie knutschte mich immer ab, ich sei so süß. Omi warnte davor, das Kind so zu verhätscheln. Onkel Wolfi war fast nie da. Papi holte mich ab und zu in immer größer werdenden Abständen ab. Aber am faszinierendsten für mich war Onkel Rüdiger.

Er war eine ganz besondere Persönlichkeit.

Schon in seiner Kindheit hatte er zum Leidwesen seiner Mutter mit seinen Taten das Familienleben erschüttert. Als 16-Jähriger verführte er das Dienstmädchen, hantierte mit Feuerwaffen, brachte seinem jüngeren Bruder nur Unsinn bei und ließ die Lehrer an seinem unerlaubten Einfallsreichtum verzweifeln. Ein Glück für ihn, dass er schließlich eingezogen wurde. Zucht und Ordnung sollte er beim Militär lernen.

In Wirklichkeit war er ein sensibler und phantasievoller Mann, der das Leben kannte und es, wo immer er konnte, in vollen Zügen genoss. Mit allen Mitteln. Und dazu gehörten ‚Weiber'.

Das „Nach 22 Uhr keinen Damenbesuch mehr!" ignorierte er. Trat ich morgens manchmal an sein Bett, um ihn zu wecken, sah ich trotz zugezogener Vorhänge im Halbdunkel neben seinem Kopf meist noch anders farbige Haare und es roch dumpf nach Parfüm, abgestandenem Alkohol, Tabak und Schweiß.

Unsere Räume betrat er jedoch immer allein. Eine feste Bindung kam für ihn wohl nicht in Frage.

Arbeiten zu gehen schien er nicht, aber er hatte immer Geld.

Er war sehr gepflegt, trug weiße Hemden, die er angeblich wegwarf, wenn sie schmutzig waren und sich neue kaufte. Das konnte aber doch nicht sein, denn in den wunderbar stinkenden schmutzigen Wäschehaufen, in denen ich mich so gerne wälzte, wenn Omi sie einmal im Monat für die Wäscherei zum Abholen auf dem Boden des Korridors nach Bunt- und Kochwäsche sortierte, waren auch seine Kleidungsstücke dabei.

Er war mir ein Rätsel – ich hatte Hochachtung vor ihm – und großen Respekt.

Er roch nach Old Spice.

Eine meiner Aufgaben war es, dafür ins Nachbarhaus zu gehen. Im ersten Stock klingelte ich bei Wilkens. Es öffnete mir immer ein älterer Herr mit streng zurückgekämmten grauen Haaren. Wortlos nahm er den ihm von mir entgegengestreckten Briefumschlag, schlurfte, weiß bestrumpft, in riesigen Filzpantoffeln in ein Zimmer und kam mit einer amerikanisch-braunen zugeklebten Papiertüte und einem Bonbon für mich zurück.

Es war die einzige Stelle, wo ich für meine Botendienste belohnt wurde.

Ansonsten gab es oft etwas fürs bloße Dabeisein.

Im Kolonialwarengeschäft drei Häuser weiter reichte man mir manchmal, wenn Omi bezahlt hatte, aus einem großen Glas auf der hohen Theke mit einer Zange ein hartes, im Gaumen zuerst kratzendes Himbeerbonbon, das ich lange lutschte, bevor ich den letzten winzigen Rest sorgfältig zerbiss und beim Metzger bekam ich ein, an einer Gabel aufgespießtes, Stück Fleischwurst. Ich bedankte mich artig, wie Omi es mir beigebracht hatte.

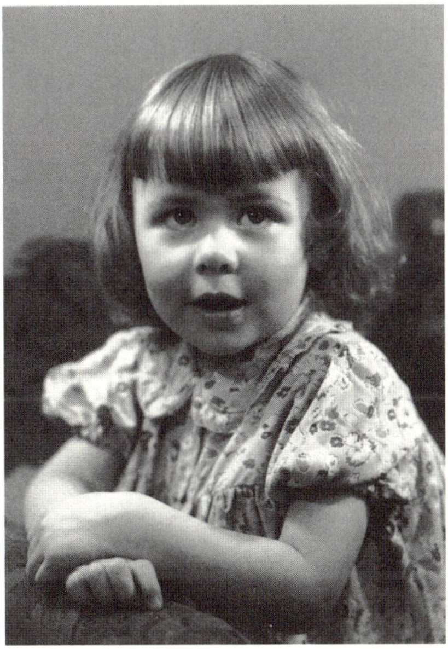

Ich bedankte mich artig, wie Omi es mir beigebracht hatte.

Ja, man konnte mich überall hin mitnehmen und ich genoss es.

Je größer ich wurde, desto besser konnten meine Füße den weit ausholenden Schritten meiner Großmutter beim Einkaufen folgen.

Zum Römerplatz hin war der Lebensmittelmarkt Schreiber, dort kaufte sie den Edamerkäse mit roter Rinde und ein Viertel Pfund Butter, in deren Genuss beim Abendbrot jedoch nur Mutti kam, da besonders ihre Gesundheit fürs Geldverdienen erhalten bleiben musste.

In anderer Richtung, kurz vor dem Bismarckplatz war die Konkurrenz Tengelmann, da konnte man, wenn man Glück hatte, im Winter Orangen ergattern.

Zur Weihnachtszeit und zu Geburtstagen betraten wir auch den vornehmen, in dunklem Holz gehaltenen Eckladen Zigarren Grimm, um erlesene Tabakgeschenke für die Söhne zu kaufen. Die bald leeren Schachteln, Dosen oder Kisten, denn auch Mutti und Besuch beteiligten sich am Konsum des Inhalts, dienten mir als Aufbewahrungsorte für Gesammeltes.

Nachmittags ging es gelegentlich auch weiter, unter den Arkaden, an den Haltestellen der Straßenbahnen aus allen Richtungen vorbei, in die Hauptstraße. Ziel war ‚Jansen', ein Kaffee-Geschäft. Den Schriftzug hatte mein Vater entworfen und das dafür erhaltene Geld freudig mit seinen Freunden gleich wieder ausgegeben. Schon von Weitem wehte einem der exotische Geruch der unterschiedlichen Kaffeesorten entgegen. In silbernen, summenden Maschinen, unter denen Tüten klemmten, wurde auf Wunsch der Kundschaft der Kaffee gemahlen.

Die Mutter meiner Freundin Adelheid, im zweiten Stock, machte das mit einem Gerät aus weißem Porzellan, welches an der Seite ihres Küchenschrankes angebracht war, und Frau Zometsch zerkleinerte die Kaffeebohnen unter Drehen einer Kurbel über einem zwischen ihren Knien geklemmten braunen Holzkasten. Das Ergebnis in einer kleinen, sich unter dem Kasten befindlichen Schublade war ziemlich grob.

Unser Kaffee war feiner gemahlen, es gab ihn sonntagnachmittags.

Der Sonntag wurde als Höhepunkt der Woche entsprechend vorbereitet.

Das fing mit der Sauberkeit an.

Wochentags begann der Tag mit Katzenwäsche. Kochendes Wasser kündigte in einem Pfeifkessel auf dem Herd an, dass es fertig war. Es wurde in eine weiße Emaille-Schüssel mit dunkelblauem Rand gegossen und mit kaltem Wasser, das aus einem an den Hahn geschraubten, kurzen roten Gummischlauch kam, zur richtigen Temperatur vermischt. Ein darin geschwenkter und danach ausgedrückter Waschlappen wurde mir von Omi übers Gesicht gewischt, die Hände mussten solange eingeweicht bleiben. Abtrocknen durfte ich mich selbst. Fertig.

Abends, nach dem Abendbrot, war man weniger nachlässig mit mir. Nackt stand ich auf einem Küchenstuhl vor dem steinernen Abfluss und hielt mit beiden Händen mein Haar hoch, damit es nichts abbekam. Mutti seifte mich ein. Mit dem hellen Waschlappen zuerst den Hals, die Arme, unter den Achseln, Brust, Rücken, Bauch. Wenn ich meinen Kopf beugte, konnte mein Kinn dann wunderbar auf meinen seifigen Schlüsselbeinknochen hin und her rutschen. Breitbeiniger Stand war nötig, damit Mutti mit dem Popowaschlappen wirklich jede Stelle meines Körpers erreichte. War es draußen kalt, dann spürte ich das auch durch die Ritzen des schlecht schließenden Küchenfensters. Öffnete sich bei unserem abendlichen Ritual aber noch die Küchentür, schrie Mutti: „Es zieht!", und meine Poren verwandelten sich zur Gänsehaut. „Das Kind holt sich ja den Tod!"

Nach dem Abrubbeln mit einem harten Frottee-Handtuch schnell noch ein Küsschen auf mein Hinterteil, bevor mir ein langes weiches Flanell-Nachthemd übergestülpt wurde.

Näherte sich der Sonntag, reichte diese Art der Säuberung jedoch nicht und man ging außer Haus.

Wir hatten im Gegensatz zu den Hausbesitzern und Seiferts im 2. Stock kein Badezimmer und so besuchte ich mit Mutti einmal in der Woche die öffentliche Badeanstalt mit Hallenbad zehn Häuser weiter in unserer Straße, freitags oder samstags gegen Abend. Hier konnte man sich gegen Bezahlung bis zu einer Stunde in einer Badewanne aufhalten.

Betrat man, nachdem man an der Kasse ein Billett erhalten hatte, durch große Schwingtüren die Räumlichkeiten, strömte einem feuchtwarme Luft mit starkem Chlorgeruch entgegen. Von der dunkelgrün gefliesten Vorhalle mit schachbrettartigem Fußboden ging es geradeaus zu einer großen Schwimmhalle mit einem sich über die gesamte Breite erstreckenden Bogenfenster in geriffeltem Glas, durch das tagsüber gedämpftes Licht drang und den hellblau gekachelten Raum erhellte. Wenn es draußen aber dunkel und die Halle mit von der Decke an Stangen hängenden Lampen erleuchtet war, meinte ich, an der Stelle des Fensters ein riesengroßes geöffnetes, schwarzes Fischmaul zu erkennen.

Zu den Waschräumen ging es rechts. Hier reihte sich Tür an Tür. Ein Mann in langer weißer Hose und weißem Unterhemd, barfuß in Sandalen, drehte in einer der Kabinen die über der Badewanne angebrachten, rot und blau bepunkteten, metallenen Wasserhähne auf und ließ warmes und kaltes Wasser gleichzeitig einlaufen. Mit einem ‚Bitteschön' schloss er hinter uns die Tür.

Jetzt galt es sich zu beeilen, denn die Eintrittskarte erlaubte uns nur eine halbe Stunde Badezeit. Unsere Kleider legten wir auf einem Holzschemel ab und stiegen über ein aus Holzbrettern genageltes Podest in die Wanne. Mutti saß mir gegenüber und ich streckte meine Füße in den dunklen Pelz unter ihrem Bauch. Das Wasser ging mir bis zum Hals und meine langen Haare breiteten sich wie Krakenarme auf der Wasseroberfläche aus. Muttis kastanienbraune, bis auf die Schultern reichenden gelockten Haare waren mit Haarklemmen hochgesteckt. Sie durften nicht nass werden. Sie hatte Dauerwellen und stattete zweimal im Monat zum Waschen und Legen dem Frisör einen Besuch ab. Dazwischen puderte sie ihre Haare und bürstete nach einer Wartezeit das weiße Zeug wieder heraus, um Duftigkeit, Sauberkeit und Fülle vorzutäuschen. Sie wusch sich zuerst, der Badewannenrand wurde von abgestorbenen Hautpartikeln und Seifenresten zunehmend stumpfer. Die Luft war dampfig und die Wände feucht. Es war heiß. Eine Uhr über der Tür zeigte uns, dass ich nun dran war. Dann ein kräftiges Klopfen von außen. „Zeit ist um!“.

Während Mutti sich anzog, aalte ich mich noch ein bisschen in der trüben Dreckbrühe. Wohlig erhitzt, ein Kopftuch über das feuchte Haar gebunden, damit ich mich nicht erkältete, traten wir den Heimweg an.

Am Wochenende lag eine andere Geschäftigkeit als sonst in der Luft. Man bemerkte es an den hochgestellten Stühlen in der Küche, die man dann höchstens in Riesenschritten und auf Zehenspitzen durchqueren durfte: „Achtung! Frisch geputzt!“ Am Ende des Ganges stank das Klo nach Salzsäure und im Treppenhaus roch es nach Bohnerwachs.

Dass der Ruhetag nahte, sah man auch an der Rhein-Neckar-Zeitung, die samstags besonders dick und kaum aus dem Briefkasten zu ziehen war. Während mich unter der Woche regelmäßig die Bilder von Petze, Pelle und Pingo erfreuten, erschien in dieser Ausgabe immer eine Seite nur für Kinder, teilweise von Kindern gestaltet. Ich bewunderte, wie meine Altersgenossen malen konnten: Bäume, Vögel, Häuser, Gras, Blumen, Pilze, Schmetterlinge, Wolken und Sonne. Und ich übte.

Der Pferdewagen der Schlossquell-Brauerei hielt vor der Bierstube gleich neben dem Kino und ein Bierkutscher mit brauner Lederschürze und dicken Handschuhen lud klirrend Holzkästen mit Bierflaschen und Fässer ab. Nachdem er dann auf den Schultern lange Stangen Eis in die Wirtschaft getragen hatte, wurde auch die Vorbestellung von Omi noch schnell erfüllt. Sie zerhackte das Eis mit Hilfe eines Schraubenziehers, den sie mit einem Hammer ins Gefrorene rammte. Danach wurde es in einem Eimer in den Keller gebracht und Lebensmittel, die sich bis Sonntag halten sollten, darauf gelagert. Wir hatten keinen Kühlschrank.

Omi führte Selbstgespräche: „Hab ich auch an alles gedacht?“, „Ist noch Zucker da?“, „Sind die Schuhe geputzt?“, „Haben die noch auf?“, „Ich muss noch mal schnell weg!“, „Wir brauchen noch was Süßes!“. Und es duftete nach Kuchen. Aber nur, weil wir einen Backofen hatten.

Frau Zometsch kochte auf zwei elektrischen Herdplatten. Man konnte sich aber beim Bäcker gegen Bezahlung schwarze Kuchenbleche ausleihen, sie mit Teig und Obst belegen, zum Backen wegbringen und nach verabredeter Zeit wieder abholen. Wenn Bernhard diesem Auftrag nachzukommen hatte, schloss ich mich ihm oft an. Weiß bemehlte, halbnackte schwitzende Männer hantierten in der heißen Backstube. Ein Küchenhandtuch wurde zum Schutz über den fertigen Kuchen gelegt und das Blech vorsichtig heimgetragen, nicht ohne ab und zu anzuhalten, um den einen oder anderen Streusel, eine Apfel- oder Zwetschgenscheibe oder eine Rosine an unauffälliger Stelle abzukrabbeln und zu vernaschen.

Und Mutti war da und mit ihr Radiomusik vom ‚äi-ef-en‘, einem für amerikanische Soldaten eingerichteten, über Mittelwelle zu empfangenden Sender. Ich tanzte dazu im Wohnzimmer, bei schönem Wetter in den warmen Sonnenstrahlen, die gegen Mittag durch die zum Lüften geöffneten Fenster fielen. Mutti sah mir dabei zu, wedelte mit den Händen, blies über die Spitzen ihrer gespreizten Finger. Sie lackierte samstags immer ihre Fingernägel, meist knallrot.

Damit das Sonntagsessen am mit weißem, gestärktem Tischtuch bedeckten Küchentisch besonders gewürdigt wurde, fiel die Verpflegung am Tag davor mehr als dürftig aus.

Oder aus welchem Grund musste ich zu Mittag da Dinge essen, bei deren Verzehr ich lieber über den Tisch gekotzt hätte? Aber Mäkeln war nicht erlaubt.

„Es wird gegessen, was auf den Tisch kommt!“

Grünkohl, Mangold, Gries- oder Haferflockenbrei, Erbsensuppe. Am schlimmsten aber waren ‚Schinkenscheiben in Sahnesoße‘, geräuchertes, hauchdünn geschnittenes, überwiegend mit Fett durchwachsenes, verknorpeltes Dörrfleisch, das sich an der belassenen Schwarte beim Anbraten zusammengezogen hatte und nun in diesem verkrümmten Zustand in einer hellen Mehlschwitze, verfeinert mit einem Schuss Essig, der die Zugabe von saurer Sahne vortäuschte, in der Schüssel tummelte. Krönung waren die Gewürzgurken. Die gekochten Kartoffeln dazu hätten mir gereicht.

„Sitz gerade!“

Bei diesem Mahl war Omi nicht selten schon beim Abwaschen, während ich noch am Tisch saß. „Darf ich aufstehen?“, wurde stets verneint. „Erst aufessen!“ Tapferes Hineinstopfen der inzwischen kalt gewordenen, von Omi zerkleinerten und zusammen gerührten Pampe. Endlich, der Teller war leer.

„Mahlzeit!!“

Das Mittagessen am Sonntag war etwas Besonderes. Da duftete manchmal ein halbes Pfund Schweinebraten, für jeden ein Scheibchen, köchelten gewürfelte Karöttchen, später verschönert mit gehackter Petersilie, die zuvor als Sträußchen in einem Wasserglas auf dem Küchenbüffet wartete, wurden zerfallende Kartoffeln zu Brei gestampft und mit Milch und einem Stückchen Butter gefügig gerührt. In meiner Portion grub ich dann in der Mitte ein Loch, damit die Soße wie ein See darin Platz fand. Als Nachtisch spendierte an heißen Tagen Onkel Rüdiger manchmal für jeden eine Kugel Vanille-Eis, die ich für fünf Groschen im naheliegenden Café in eine mitgebrachte Glasschüssel füllen lassen musste und auf schnellstem Weg nach Hause zu bringen hatte, damit das Eis nicht verlief.

Zu Beginn des Sommers jedoch, Mitte Juni, wenn die Beeren reif waren, entfaltete meine Großmutter ganz besondere Phantasie bei der Zubereitung der Desserts. Ach, wie köstlich waren die Erdbeeren, Himbeeren und Heidelbeeren aus ihrem Garten gewesen, schwärmte sie und kredenzte uns die erntefrischen Exemplare vom Markt, gewaschen und unverfälscht, höchstens mit einem Esslöffel Zucker bestäubt. In reiferem, vielleicht schon unansehnlichem Zustand wurden die Beeren zu Kompott gekocht, auf Glastellern angerichtet, mit einem Tupfer Schlagsahne verziert oder um gestürzten Vanillepudding gegossen. Besonders aber liebte Omi Johannisbeeren, diese sauren, kleinen roten Perlen. „Herrlich erfrischend!“, versuchte sie uns zu überzeugen und verarbeitete sie auf ihre Weise. Sie wurden gekocht und durch ein Sieb gedrückt. Die blutrote Flüssigkeit vermischte sie mit heißem Griesbrei, würzte mit dem Saft einer halben Zitrone, rieb ein wenig von der Schale hinein, schabte das Mark einer geschlitzten Vanilleschote dazu und süßte mit Zucker. Sie goss das Gemisch in eine große Glasschüssel, deckte sie mit einem Topfdeckel ab und stellte die Speise zum Abkühlen vor das Küchenfenster. Dort leuchtete sie mir rosarot am Vormittag entgegen, wenn ich in Sonntagskleidern, im Hof spazierend, auf den Ruf zum Mittagessen wartete. Meistens öffnete Onkel Wolfi das Fenster.

Er schlief am längsten von allen, sodass seine Morgentoilette kurz vor dem Essen stattfand. In weißem Hemd und Resten von Rasierschaum im Gesicht rief er: „Püppi, Mittagessen!“

Wenn wir dann alle mit dem Hauptgang fertig waren, wurde die Schüssel hereingeholt. Omi prüfte mit dem Fingerrücken: „Hmm, schön kalt!“. Sie verteilte den Nachtisch gerecht. Keiner sollte bei dieser himmlischen Speise zu kurz kommen. „Diese wunderbare Farbe!“ Jeder löffelte bedächtig den Brei. „Dieser Johannisbeergeschmack!“ Wir ließen ihn auf der Zunge zergehen. Keine Frage, es war unser Lieblingsnachtisch. Dabei war er so sauer, so sauer, dass er einem mit jedem genossenen Löffel mehr und mehr den Hals zuzog. Unsere Mimik veränderte sich. Wie herrlich dieses würgende Gefühl war! Theatralisch fassten wir uns an die Gurgel, verdrehten die Augen, hechelten nach Luft und lachten über unsere Grimassen. Liebevoll nannten wir den verursachenden Brei ‚Würgerspeise‘. Omi fand das gar nicht komisch.

Mich verantwortungsvoll zu beaufsichtigen, wurde für Omi immer anstrengender. Man beschloss, mich den Kindergarten besuchen zu lassen.

Eine junge Frau holte mich morgens ab. Andere Kinder warteten schon vor der Tür. In Zweierreihe ging es manierlich auf der gegenüberliegenden Straßenseite im Gleichschritt. Nur einige Knaben hampelten verbotenerweise ab und zu aus der Reihe. Nach zehn Minuten erreichten wir meine neue Aufenthaltsstätte, einen grauen, schmucklosen Kasten mit einem Garten auf der Rückseite.

Geleitet wurde die Einrichtung von zwei Frauen in langen schwarzen Gewändern mit tellergroßen weißen Kragen. Ihr Haar war nicht zu sehen. Über der Stirn lag ein weißes Band und um den Kopf ein schwarzes, bis auf die Schultern fallendes Tuch. Ihre Gesichter waren ernst und voller Falten. Sie waren sehr streng, man musste sich an Regeln halten, aber das kannte ich schon von zu Hause.

Ich fühlte mich wohl.

Wir wurden in kleine Gruppen aufgeteilt, die jeweils von einer ‚Tante' beaufsichtigt wurde. Die Schürzen der Kindergärtnerinnen waren leuchtend weiß und im Rücken überkreuzt gebunden. Für mich war Frau Braun zuständig, eine kräftige Frau mit braunen Augen. Ihr dunkles, mit feinen Silberfäden durchzogenes Haar war im Nacken zu einem Knoten gebunden.

Im Waschraum bekam ich für mein eigenes Handtuch einen Haken, über dem ein gelber Mond klebte, zugewiesen. Das gleiche Zeichen fand ich im Flur. Es war der Platz für meine Umhängetasche, Mütze, die Handschuhe an der Schnur und meinen Mantel.

Wenn ich mich still beschäftigen musste, geriet ich regelmäßig in Verzückung über die in allen Farben vorhandenen, kleinen halbkugeligen Porzellanplättchen. Mit ihnen legte ich Blumen mit rosettenartigen Blüten an langem Stiel. Nicht weniger erfreuten mich die streichhölzerschmalen, bunt lackierten, glatten Holz-Legestäbchen. Häuser mit und ohne

Wir führten „Schneewittchen" auf.

Schornstein und verschiedene Gartenzäune stellte ich damit dar.

Singen, klatschen und Geschichten hören kannte ich schon von Omi.

Neu für mich und schnell gelernt waren die mit größtem Stimmeinsatz und unter höchster körperlicher Anstrengung zusammen mit meinen Spielkameraden ausgeübten Aktionen im Freien.

„Wer hat Angst vorm schwarzen Mann?", fragte einer, von uns zehn Meter weit entfernt, lauthals, mit weit auseinandergestreckten Armen, um uns Angst einzuflößen. „Niemand!!!", brüllten wir so laut wir konnten zurück und liefen los, ihm entgegen. Er musste uns fangen und wir versuchten, ihm zu entkommen und an ihm vorbei die rettende andere Seite zu erreichen.

Ich schaffte es immer, ich war schnell und wendig. Wenn ich dann im Waschraum atemlos und verschwitzt in meine schmutzigen, zu einer Schüssel geformten Hände Wasser laufen ließ, um es zu trinken, durchströmte mich ein warmes Gefühl von Kraft und Überlegenheit, und das Getränk roch nach Erde.

Aber auch Spiele mit körperlicher Berührung hatten es mir angetan.

„Macht auf das Tor, macht auf das Tor ..."

Zwei Kinder bildeten mit hochgehobenen Armen ein Tor, durch das alle anderen in einer langen Schlange singend hindurchgingen.

„Es kommt ein goldener Wagen. Wer fährt darin, wer fährt darin? Ein Mann mit goldenen Haaren. Was will er denn, was will er denn?“ „Er will dieeeeeeeeeeee – Marion – haben“, kreischte das Tor und verwandelte sich blitzschnell in eine Falle für die Genannte.

Man stand bewegungslos, wie gefesselt.

Danach formten die Fänger mit ihren Armen eine Sitzbank, auf der man zuerst geschaukelt und dann in hohem Bogen in einen Sandhaufen katapultiert wurde.

Bei diesem Spiel ließ man sich gerne fangen.

Es war wie eine Auszeichnung.

Der Kindergarten war um vielseitige Förderung der ihm Anvertrauten bemüht.

So spielten wir auch Theater. Wir führten ‚Schneewittchen‘ auf. Ich war die Königin, was meiner Eitelkeit sehr entsprach.

Mit einer Krone aus Goldpapier auf dem Kopf und einer um die Schultern gelegten Stola aus nach Mottenkugeln riechendem Pelz stand ich vor dem Spiegel. Natürlich war ich die Schönste im ganzen Land.

Auch das hämische Gelächter nach Überreichung des Apfels gelang mir wohl sehr echt, denn ein donnernder Publikumsapplaus belohnte meine schauspielerischen Fähigkeiten; die hatte die schüchterne, das Schneewittchen spielende Gabi nicht. Mit hochroten Wangen und unter ständigem Vorsagen hinter dem Bühnenbild stakste sie ihren Text.

Peinlich.

Ausgerechnet diese Kleine lebte in unserer Nachbarschaft und war an so manchen Nachmittagen mein Gast und Opfer.

Für Omi bedeutete dies eine zusätzliche Portion in Zucker und Fett gerösteter Haferflocken, die wunderbar zwischen den Zähnen knusperten oder es gab in einer Tasse Haferflocken mit einem Schuss kalter Milch, einem Esslöffel Zucker und einem Teelöffel Kakao, zum Selbstanrühren.

Wenn Gabi lachte, bildeten sich kleine Grübchen neben ihren Mundwinkeln.

Oft gesellte sich Bernhard zu uns und wir tobten durch die Wohnung und machten sie zu einer Mördergrube.

Ein sicherer Platz beim Versteckspiel war die Besenkammer im Flur; vorausgesetzt, man fürchtete nicht die Dunkelheit oder ekelte sich nicht vor den in den Ecken hängenden Weberknechten. Dort stand man dann regungslos, den keuchenden Atem anhaltend, zwischen den Borsten vom Schrubber, den mit Staubflocken verklebten Haaren des weichen Stubenbesens, den schmuddeligen Schlaufen des Mobs, dem unförmigen, nicht von der Stelle zu bewegenden schweren Blocker, der blechernen Hand-Schaufel mit Kehrbesen, den in apartem Muster geflochtenen Teppichklopfer aus Weidenstäben und unzähligen klebrigen, nach Bohnerwachs duftenden, Lumpen.

Da kam es auch schon mal vor, dass sich für Gabi dort der Aufenthalt ungewollt verlängerte, weil wir von außen die Tür zuhielten. Doch Omi war dann auf ihr lautes Geplärre hin schnell zur Stelle und rettete sie vor dem Erstickungstod.

Wir spielten Vater, Mutter und Kind.

Sie war immer die Wehrlose. Ihr pralles Fleisch kniff sich so angenehm. Bernhard und ich klatschten ihr den nackten Popo, denn sie war ein ungezogenes Kind und hatte zu gehorchen.

Beim Doktorspiel, das allerdings nur dann vollzogen werden konnte, wenn Omi nicht zu Hause war, durfte sie stets der Patient sein. Dann lag sie ausgezogen auf dem Küchentisch von

Zometschs und musste sich unsere Untersuchungen gefallen lassen. Mit Hilfe von Blechlöffeln schauten wir nicht nur in ihren Rachen, sondern stocherten auch in den Körperöffnungen unterhalb ihres Bauchnabels, bis sie heulte und mit einem „Ihr seid gemein!!!" beleidigt flüchtete.

Wir nannten sie Heulsuse.

Ihr aber schien es trotz allem zu gefallen, denn sie kam immer wieder.

An meinem Körper wurde von Omi auf meinen eigenen Wunsch hin unzählige Male der ‚Rollmops' zelebriert:

Ich legte mich in voller Länge in Rückenlage auf den Küchentisch in unserer Küche.

Als Erstes wurde ich, der Hering, mit einer schneidenden Schere nachahmenden Hand von oben bis unten ‚aufgeschnitten' und ‚auseinandergeklappt'. Dann wurde mit einem Zupfen an meinem Bauch ‚alles herausgeholt'. Das war schon ganz schön kitzelig. Nun wurde ich selbst im Gesicht und auf den Fußsohlen mit ‚Mostrich beschmiert'. Es folgte ‚ein Pfeffern und Salzen' mit überall auf meinen Körper herabprasselnden Fingern. Aber wenn ich dann ‚mit Gurkenscheiben und Zwiebelringen belegt' – Omi ahmte dazu mit spitzem Zeigefinger die Form dieser Dinger in mir vorher unbekannten Abständen und Platzierungen auf meinem Körper nach – und ich ‚zusammengerollt' und jeweils an den Kniekehlen und unter den Achseln unter Zuhilfenahme eines bohrenden Zeigefingers mit einem ‚Spieß' versehen wurde, bekam ich vor lauter Lachen kaum noch Luft. Erst ein Klaps auf den Hintern mit den Worten ‚Jetzt ist der Rollmops fertig' versetzte mich wieder in die Wirklichkeit.

Omi konnte ganz erstaunlich mit ihren Händen umgehen und ihre Stimme verwandeln.

Abends, wenn es dunkel war, musste man nur die Küchentür öffnen. Das Licht fiel auf die gegenüberliegende Wand des dunklen Flures und es entstand eine beleuchtete Leinwand für die Schattenspiele meiner Großmutter.

Sie ließ Vögel vorbeifliegen, Schwäne auf dem Wasser gleiten, Hasen hoppeln, Hunde mit riesigem Maul und heraushängender Zunge bellen und plötzlich eine gekrümmte Hexe mit sich bewegendem Unterkiefer, die mit verstellter Stimme lockte, erscheinen. Märchenhafte Geschichten von miteinander kämpfenden Dämonen jagten mir wohlige Schauer über den Rücken.

Wenn ich dann später im Bett lag, musste unbedingt das

Licht im Flur brennen, damit ich vor dem erleuchteten Oberlicht in der Schlafzimmertür mit eigenen Fingern die Schatten ausprobieren konnte.

Aber es gelang mir nicht so richtig.

So hielt ich ersatzweise, unter dem Fingernagel festgeklemmt, Dreck aus meiner Nase gegen das Licht. Es entstanden immer wieder andere bizarre, drachenartige, Furcht einflößende oder komische Gestalten, die sich sogar bewegten, wenn ich mit dem Finger wackelte.

Müde vom Spiel, die Ungeheuer an den Gitterstäben des Bettes abstreifend, dort klebten schon einige hart erstarrt, schlief ich dann zufrieden ein.

Omi konnte auch wunderschön singen. Schon am frühen Morgen, wenn die ersten Sonnenstrahlen durch den schmalen Spalt zwischen Hinterhaus und Kinogebäude drangen und die Blätter der dort stehenden Pappel in glitzernde Goldplättchen verwandelten, jubilierte ihr ‚Die güld'ne Sonne voll' Freud' und Wonne' durch die Wohnung. Keine Wanderung in den umliegenden Wäldern des Odenwaldes war denkbar ohne das unter strammem Schritt im Chor gesungene ‚Auf du junger Wandersmann'. Drückte trübes Wetter auf ihre Stimmung, brachte sie das mit einem schwermütigen Lied wie ‚Wenn die Ostseewellen schlagen an den Strand', was sie auch in Plattdeutsch beherrschte, oder ‚Ich hatte einen Kameraden' voller Heimweh zum Ausdruck. Und wenn ich abends müde ins Bett fiel, hüllten mich die sanfte Stimme, die beruhigende Vorstellung von Engeln, die über mich wachten und einem Gott, der mich am nächsten Morgen wieder aufwachen ließ, behutsam ein.

Mutti hatte diese Gabe wohl auch. Mit ihr sang ich im Kanon, dass der Hahn tot sei, von einem Jäger aus Kurpfalz und selbst in der Mittagszeit von Abendstille, die überall war.

Mit ‚Fräre Schacke, fräre Schacke, dorme wu?' lernte ich sogar Französisch.

Diese Sprache gab mir allerdings einige Rätsel auf.

Oft, wenn ich mit den weiblichen Erwachsenen am Küchentisch zusammen saß und über dies oder jenes in der Nachbarschaft erzählt wurde, bat eine von ihnen plötzlich mit einem strengen Blick auf mich mit den Worten ‚Sä näpa pur lafang' um Einhalt und es wurde in der fremden Sprache weiter gesprochen; ich verstand nichts.

Wenn ich mich dann empört einmischte, dazwischen redete, ohne gefragt zu sein und, dem Zappelphilipp gleich, gelangweilt am Tisch herumhampelte, endete dies für mich zumeist mit Schmerzen an Beinen und Po und einer unter schluchzender Beteuerung ‚Ich bin wieder lieb' vorzeitig eingeleiteten Nachtruhe.

Der Einsatz des Rohrstockes war bei meiner Ungezogenheit absolut notwendig, fand Omi, die Ausführende.

Dabei wusste ich genau, was man darf und was nicht.

Du darfst nicht lügen, du darfst nicht stehlen, du musst Vater und Mutter ehren. Zehn Regeln musste ich mir merken und wehe, ich hielt mich nicht daran. Im Struwwelpeter konnte man sehen, was passiert, wenn man nicht folgsam ist. Ich bemühte mich also.

Begierig hörte ich vor allem die Schrecken erregenden Geschichten aus dem ockerfarbenen ‚*Grimm'schen Märchenschatz*'. ‚*Die Räuberbraut*', ‚*Von einem, der auszog, das Fürchten zu lernen*', ‚*Das tapfere Schneiderlein*'. Omi las jede Figur mit anderer Stimme und ihr Gesichtsausdruck veränderte sich dabei; ich sah alle Gestalten vor mir. Mir imponierten Mut, Kraft und Tapferkeit und ich glaubte fest daran, dass immer das Gute siegt und das Böse bestraft wird.

Nur, dass Omi fand, Mutti sei wie ‚Fischers Fru', verstand ich noch nicht.

Onkel Rüdiger aber hatte Verständnis für seine Schwester. Er führte sie manchmal aus und zeigte ihr das Nachtleben. Es war vom ‚Weinloch', dem ‚Vater Rhein' und der ‚Kupferkanne' die Rede und dass der ‚Kröver Nacktarsch' besonders gut geschmeckt hätte.

Aber so richtig glücklich war Mutti nicht.

Ihr Bruder beschenkte sie sogar auch ohne Geburtstag und Weihnachten. Sie bekam hängende Ohrringe aus Elefantenhaar, einen silbernen mit afrikanischen Motiven versehenen Armreif in einer Breite, wie ich sie vorher noch nie gesehen hatte, feinste Seide für ein Kleid, das Omi dann nähte, einen mit Nieten beschlagenen Gürtel, dessen Schnalle auf dem Rücken war, Seidenstrümpfe mit Verzierung in Höhe des Knöchels, eine Handtasche aus weißem und schwarzem Leder, Gegenstände, die dann das Wohnzimmer schmückten. Auf jeden Fall waren seine Geschenke immer von außergewöhnlicher Schönheit. So etwas hatte sonst niemand, den ich kannte.

Onkel Rüdiger
Er kümmerte sich auch um mich.

Er kümmerte sich auch um mich. So kam ich an einem sonnigen Spätsommertag in den Genuss, mit ihm und Onkel Wolfi auf dem Neckar Boot zu fahren. Das Gefährt war aus lackiertem braunen Holz, hatte einen durch eine Klappe verdeckten Motor und an den Längsseiten angebrachte Sitzbänke. Onkel Rüdiger saß grinsend am Steuer mit offenem weißen Hemd, die Ärmel hochgekrempelt. Onkel Wolfi hob mich mit kräftigen Armen ins Boot. Ich sollte mich festhalten. Schwimmen konnte ich nicht.

Die Fahrt ging los. Der eine Onkel gab Gas, der andere hing an einer Schnur weit draußen im Wasser. Dabei stand er auf zwei Holzbrettern. Manchmal kippte er auch um, verschwand für einen Moment in den Wellen und tauchte wieder auf, fröhlich winkend. Zur Verschnaufpause kam er dann wieder ins Boot. Schließlich beschloss man, durch die Schleuse flussaufwärts zu fahren. Gemütlich tuckerten wir durchs Neckartal, am Stift Neuburg vorbei, wo ich oft mit Mutti den Sonntagnachmittag verbrachte. Entlang der an den ins Wasser gebohrten Abtrennungsstangen des Ziegelhausener Freibades, in dem ich einmal am Abend nach Genuss einiger Schlucke Bier meine Mutter und alle anderen Besucher mit meinem nicht aufhören wollenden Gekicher belustigte. Auf der anderen Seite fuhr ein Zug.

Wir glitten immer weiter weg von Heidelberg. Die Sonne stand tief unten und war rot. Im Schatten der angrenzenden Berge wurde die Luft nun kühler. Um uns gluckste dunkles Wasser. Meine Füße waren plötzlich nass. Nur keine Angst! Wir schöpften zunächst mit den Händen. Ich war sehr eifrig und musste aufpassen, dass ich dabei nicht kopfüber ins Wasser fiel. Der Motor lief nicht mehr. Aufgeregtes Stimmengewirr. Der Neckar im Boot stieg und ging mir bis zu den Knien. Da half nur eins. Bei Neckargemünd beschlossen die Männer, an Land zu schwimmen. Das verfluchte Boot, der Großvater meines Vaters hatte es in jahrelanger Arbeit gebaut, war nicht mehr zu retten. Ich gelangte im Huckepack auf dem Rücken von Onkel Wolfi nass, aber sicher ans Ufer, wo mich Onkel Rüdiger, der vorausgeschwommen war, entgegennahm. Die Böschung war steil.

Die Sonne war untergegangen. In der Nähe befand sich eine Haltestelle und ein Kiosk. Dort half man uns. Zum Schutz vor einer Erkältung wurde ich in eine muffige Wolldecke gehüllt und so traten wir in der Straßenbahn die Heimreise an.

Zum Trost bekam ich von Onkel Rüdiger das Allertollste: eine seltsame dreieckige, längliche beige Schachtel. In ihr war eine in Silberpapier gehüllte Stange mit Dreiecken aus Schokolade. Sie sei aus der Schweiz. Die einzelnen Stücke konnte man nur schwer abbrechen. Im Mund blieben kleine harte Stückchen übrig, die dann zwischen den Zähnen klebten, Krokant.

Zu Hause angekommen, schloss Omi ihr Herzchen überglücklich in die Arme; ihr geliebter Wolfi war der Held. – Und Onkel Rüdiger? Wie konnte er mich nur zu einer solchen Waghalsigkeit mitnehmen?!

Papi, der sich ohne Wissen seines Großvaters das Boot geliehen hatte, um es, er wollte wohl imponieren, seinen Freunden zu borgen, hat Pech gehabt. Hochgezogene Schultern von Onkel Rüdiger, Bedauern im Gesichtsausdruck, da war nichts mehr zu machen.

Am besten man erzählt es nicht und weiß von nichts.

Onkel Rüdiger hatte etwas gutzumachen.

Weihnachten war ein Anlass.

Wie immer wartete ich am Heiligen Abend mit Mutti in der Küche, bis das Klingeln eines Glöckchens mir verriet, dass das Christkind da gewesen war. Dann ging es voller Erwartung den langen Flur entlang. Die Tür zum Wohnzimmer öffnete sich. Ein mit schmalen silbernen Metallfoliestreifen geschmückter Tannenbaum strahlte und davor stand ein großes Kasperle-Theater, mein Weihnachtsgeschenk von ihm.

Der Vorhang war geöffnet und das voll weißer spitzer Zähne gespickte, hölzerne Maul eines grünen Krokodils klappte auf und zu: „Guten Abend, Püppi!", und die Augen glotzten mich durchdringend an. Dann kam ‚Struppi', so stellte er sich vor, ein Hund aus weißem wuscheligen Plüsch, mit zwei kleinen abstehenden Ohren, die sich abwechselnd bewegen konnten, schwarzen glänzenden Knopfaugen und einem weichen Maul. Wenn er es öffnete, sah man im rosa Gaumen eine rote Zunge.

Mein Onkel sang tri-tra-tralla-la, säuselte in hoher Stimme wie eine Prinzessin, beschwichtigte wie eine Großmutter, polterte als Teufel, stellte sich als Sepp dumm, schimpfte als Polizist und sprach als König das Machtwort.

Die Köpfe der Puppen waren aus handgeschnitztem, bemaltem Holz, die Kleider aus den unterschiedlichsten Stoffen. Am faszinierendsten aber waren die zu bewegenden Münder der Tiere.

Nie wieder sah ich solch ein fesselndes Spiel mit Kasperle-Figuren. Er war für mich ein Vorbild. Das wollte ich auch können.

Struppi schlief auf jeden Fall von nun an jede Nacht in meinem Bett, in dem sich im Laufe der Zeit allerlei Bevorzugtes ansammelte.

Mit lebenden Tieren hatte ich bisher noch wenig Kontakt. Meine Großeltern in Rohrbach besaßen einen, wenn ich zu Besuch kam, zunächst immer erst kläffenden Foxterrier namens Assi und eine dicke träge rothaarige Katze, die nur, wenn sie wollte, auf den Namen Hexe reagierte und meistens schlief.

In der Bergheimer Straße wohnte auf der anderen Straßenseite ein älterer Herr mit einem Chow-Chow, der, neben seinem Oberhaupt trabend, weder nach rechts noch nach links schaute. Ansonsten bewunderte ich Pudel, die an den unterschiedlichsten Stellen geschoren waren und sich gegenseitig mit ihren ungewöhnlichen Frisuren Konkurrenz zu machen schienen. Faszinierend war auch der große schwarzbraune Schäferhund, der seinem Herrchen, einem Mann mit Sonnenbrille, weißem Spazierstock und gelbem Band am Oberarm, täglich über die Straße half.

Und die Brauerei-Gäule.

Und die Goldfische im Klinikgartenteich.

Bei uns zu Hause sah ich täglich Mäuse. Die waren aber tot, erschlagen von der Mausefalle, die vor dem Schlafengehen in der Küche aufgestellt wurde. Wenn man genau schaute, konnte man Mäuse-Spuren in Form von winzigen schwarzen Würstchen in und auf dem Küchenschrank entdecken.

Da hätte es doch Omi eigentlich nur recht sein können, dass Onkel Rüdiger mit einer Katze half. Er hatte das herrenlose, halbverhungerte Tier irgendwo aufgelesen und schenkte es uns. „Bist du verrückt geworden? Das kommt überhaupt nicht in Frage!“, empörte sich meine Großmutter. Das hässliche Vieh war noch sehr jung, weiß mit unregelmäßigen graubraunen Stellen, rosafarbiger Nase und Fußballen. Der kleine Kater wurde umgehend wieder auf dem Hof ausgesetzt. Aber er beschloss zu bleiben. Nahrung fand sich genug.

Zunächst war uns der neue Aufenthaltsort des Findlings nicht bekannt, bis eines Nachmittags die Kohlenmänner kamen. Omi und ich gingen die steile Kellertreppe voraus, den langen, fast finsteren Gang an den Gattern der einzelnen

Kellerparzellen vorbei bis zum letzten Verschlag auf der linken Seite. Hinter uns stöhnten und keuchten die schwarzen Männer unter ihrer schweren Last in Jutesäcken. Nur Ihre Augen blitzten weiß und ihre Zunge leuchtete hellrot, wenn sie nach getaner Arbeit lachend und sich bedankend den spendierten Groschen annahmen, den Omi für sie aus der Schürzentasche gekramt hatte. Sie sperrte das Vorhängeschloss auf und zeigte den Männern den Platz für die Briketts und die Eierkohle. Da kam er uns verschlafen entgegen und strich uns schmeichelnd sein mit Kohlenstaub verdrecktes Fell um die Beine. Ein gutmütiges, zutrauliches, inzwischen wohlbeleibtes, laut schnurrendes Geschöpf. Omi nannte es Murri und nahm es mit nach oben.

Der Kater wurde Familienmitglied, zum Leidwesen meiner Mutter.

„Diese Katzenhaare!"

Omi verwöhnte ihn. Bald legte er uns die nachts erlegten Mäuse als Jagdtrophäen vor die Abschlusstür, denn er bevorzugte die regelmäßig servierten Delikatessen wie frische Lunge und ‚für 30 Pfennig Hackfleisch'. Manchmal gab es auch einen Kopf vom Bückling oder Schlagsahne, die er mit seiner Schmirgelpapier-Zunge von meinem Finger entgegennahm. Wollust überfiel ihn, wenn Omi ihm abends etwas Baldrian in Wasser auflöste. Nach dem Genuss der Droge wälzte er sich im leer geschleckten Teller und verdrehte vor Vergnügen die Augen. Er war auch ganz verrückt nach Omis Haarnadel, die sie zuerst aus ihrem Haarknoten am Hinterkopf herauszog, das stumpfe Ende im Ohr drehte und ihm dann reichte. Er schleckte wie wild.

Bei so manchem Abendessen begehrte er durch ein dunkleres Miauen als sonst am Küchenfenster um Einlass. Mutti öffnete. Ein gellender Entsetzensschrei. Flucht. Ich wusste, dass er lebendiges Spielzeug im Maul mitgebracht hatte, das er sofort in der Küche fallen ließ, um dem zwischen unsere Füße Fliehenden gleich wieder hinterherzujagen. Wir versuchten zu retten, aber der kluge Kater war im Allgemeinen schneller als wir und verschwand mit seiner Beute und zurückgelegten Ohren wieder durch das noch offenstehende Fenster. Welche Aufregung!

Bald war die Zeit der harten schmutzigen Kohlen-Bettstelle vorbei. Er nächtigte fortan nach ausgiebiger Wäsche, wonach die weißen Stellen seines Felles in geruchloser Sauberkeit erstrahlten, tagsüber in von ihm auserwählten Seidenkissen auf dem Couchbett im Wohnzimmer. „Vom Kohlenkeller zum Königsthron“, pflegte meine Großmutter zu sagen. Das Mittagsschläfchen verbrachte er lang ausgestreckt neben Omi im Bett, mit der er zum Nachmittagskaffee gegen halb vier aufstand.

Musste ich krank das Bett hüten, leistete er mir schnurrend Gesellschaft und ließ sich geduldig nach Flöhen absuchen, die sich im Fell oft in Nähe seiner Ohren versteckten und die so schön knackten, wenn man sie zwischen den Fingernägeln zerquetschte.

Ich durfte ihn herumtragen. Er war groß und schwer geworden. Ein stattliches Tier. Omi und ich liebten ihn.

Nur wenn er gähnte, stank er fürchterlich aus dem Maul. Mutti schüttelte sich vor Widerwillen. So etwa muss auch die Hyäne stinken, von der mir meine Großmutter jeden Abend zum Schlafengehen aus einem Zeitungsausschnitt vorlas. Es war meine Lieblingsgeschichte. Omi verwahrte sie unter der Tischnähmaschine.

Umso schlimmer war es, als er eines Tages nach seinem allnächtlichen Ausgang nicht zurückkehrte. Man tröstete sich, er sei schließlich ein Kater, der auch seine Bedürfnisse habe, er werde schon wiederkommen. Doch am nächsten Tag war er immer noch nicht da. Wir suchten. War er vielleicht im Keller? Nichts. Vielleicht in einer fremden Wohnung? Wir fragten die anderen Hausbewohner. Keiner hatte ihn gesehen. Wir bekamen Angst, als er am dritten Tag immer noch nicht erschien. Ist er vielleicht auf der Straße überfahren worden? Wir schauten am Straßenrand nach einer Katzenleiche. Nichts. Ob er sich verlaufen hat und nicht mehr heimfindet? Omi ging abends gebückt in der Nachbarschaft herum, schaute ins Gebüsch der Vorgärten in der Alten Bergheimer Straße. „Muuuri, Muuuri!?“ Kein Murri. Das war bitter. Hoffnungsvoll sah ich täglich auf den Hof, schaute immer wieder hinauf zum Eisensteg, der hoch oben, fast unter dem Dach, Hinterhaus und Vorführraum im Kinogebäude verband. Zu unserem Schrecken hatte er dort in schwindelnder Höhe schon einige Male Balanceakte auf dem Geländer vollführt. Er war nirgends zu sehen. Ich wartete am Küchenfenster. Er kam nicht.

Hoffnungsvoll schaute ich immer wieder hinauf zum Eisensteg.

Wir waren sehr traurig. Wir sehnten uns nach seinem weichen Fell, seinem Schnurren, seiner Wärme. Was war nur passiert?

Für meine Großmutter lag des Rätsels Lösung auf der Hand, als sich sieben Tage später der Hausmeister bei einem Schwätzchen mit ihr darüber beklagte, dass er neuerdings auch noch den Dreck der nachbarlichen Tauben wegmachen müsste. „Überall sitzen sie zeternd auf unserem Dach herum, statt in ihren Taubenschlag zu fliegen.“

Und tatsächlich! Als Omi mit ihm zusammen die Tür des Schlages öffnete, schoss er wie ein Pfeil heraus. Unser Murri war wieder da! Er war wohl aus Versehen eingesperrt worden. Von Tauben hatte er genug. Er war etwas dünner, aber er lebte!

Stolz erzählten wir überall von der Überlebungskunst unseres Haustieres.

Damit ich nicht auch verloren ginge, wurde ich schon sehr früh auf die Gefahren des Lebens aufmerksam gemacht. Ich solle nicht mit fremden Männern mitgehen, wurde ich eindringlich immer wieder gewarnt.

Nun, ich hatte vor dem schwarzen Mann keine Angst und blieb unbekümmert, wenn ich zuweilen, an in der dunklen Ecke vor der Kellertür zusammengekauerten Männern vorbei, durch die Hintertür zum Hof wollte. Auch wirklich unheimliche, ausgemergelte, zerlumpte Gestalten, die an der Tür klingelten und von Omi ein Stück Brot oder einen Teller Suppe erbettelten, schreckten mich nicht. Und die übrigen Männer, die mir begegneten, kannte ich mittlerweile, denn sie kamen regelmäßig. Da war ein Akkordeonspieler mit seinem Freund oder der Leierkastenmann, die uns zumeist am Vormittag im Hof mit Musik erfreuten und danach die in Papierfetzen eingewickelten Groschen auflasen, die man ihnen zugeworfen hatte. Vertraut war mir auch das freundliche Käsemännchen mit grauer Trachtenjacke, Lederhosen bis zum Knie, Strümpfen mit Zopfmuster und Schuhen, die an der Seite gebunden waren. Einmal im Monat verkaufte er uns an der Tür aus einem Korb, unter einem Tuch verborgenen Handkäse aus dem Hessischen. Den grobschlächtigen Kerl, der sich, eine große Glocke schwenkend, im Herbst mit lautem Gebimmel ankündigte und aus vollem Hals „Pfääääälzer Katoffäääääl“ brüllte, ebenso wie den Alten, der auf dem Hof schreiend nach Alt-Eisen, Kupfer und Papier verlangte, äffte ich mit meinen Freunden höchstens nach.

Manche Männer kannte ich sogar mit Namen. Freitagabend klingelte es. Egal wie oft und für wen, ich war schneller als alle anderen und öffnete die Wohnungstür. Da stand mir Ferdinand gegenüber, ein breitschultriger, großer Mann mit dunklem Haar, Anzug, Krawattennadel, blank geputzten Schuhen, aufdringlich nach Parfüm riechend, abwechselnd mit einer Flasche Wein, einem Strauß rosa Nelken oder einer in Seidenpapier verpackten Schachtel in der linken Hand. Er beugte sich zu mir herunter und gab mir vorsichtig und weich die Hand. Ich knickste. „Guten Abend, Püppi. Ist Frau Zometsch da?" Und ohne meine Antwort abzuwarten ging er der kleinen, aufgetakelten Frau, die am Ende des Ganges schon auf ihn wartete, gut gelaunt entgegen. Lucy, die Freundin von Olga, war auch da.

Ich wurde am Arm in die Küche gezerrt, „du sollst nicht die Tür aufmachen!"

Und all die Männer in unserem Haus? Ich kam nur wenig mit ihnen in Berührung, da drohte mir keine Gefahr. Ab und zu begegneten sie mir im Treppenhaus, ich grüßte, wurde aber oft nicht einmal beachtet, manchmal sogar weggejagt, wenn ich in Begleitung meiner Spielkameraden zu laut war.

Einer von ihnen trug, wenn er ausging, einen dunklen Hut mit breiter Krempe und einen hellen Kamelhaarmantel. Er war schrecklich eingebildet. Es war der Chef vom Antiquariat. Nach der Mittagspause stöckelte neben ihm auf Zehenspitzen seine Sekretärin an unserer Abschlusstür vorbei, zu den Geschäftsräumen hinauf. Wegen ihres eng anliegenden Rockes konnte sie sich nur in winzigsten Schritten fortbewegen. Machte er einen Schritt, brauchte sie fünf. Sie war ein junges Persönchen mit hochgesteckten rabenschwarzen wippenden Löckchen. Um ihre auffallend dünne Taille schlang sich sein Arm, und wenn die Treppe begann, half seine braungebrannte mit goldenen Ringen bestückte Hand mit einem Griff unter ihren Po. Dann kicherte sie.

Die Burschen der Kürschnerei waren mit dem Aufspannen der Tierfelle, die dann, an große Holzplatten genagelt, zum Trocknen auf dem Hof standen, viel zu sehr beschäftigt, als sich um mich zu kümmern. Es störte sie auch nicht, wenn ich unter ihren Werktischen nach kleinen Fellstücken suchte; der Abfall diente meiner Verschönerung. Vor diesen Männern brauchte ich mich nicht zu fürchten. Auch die mir völlig fremden Menschen, die Dienstag Nachmittag gegen 17 Uhr in dieselben Räume strömten, um gemeinsam zu singen, zu beten und mit hoch gehobenen Armen schreiend in Ekstase zu geraten, kamen mir nicht zu nah.

Ich hatte bisher sehr gute Erfahrungen gemacht.

Aber Herr Sammetz war anders. Vor ihm sollte ich mich in Acht nehmen. Eines Abends, wir saßen nach dem Abendbrot noch ein wenig zusammen und Omi las vor, drang vom Vorplatz im Treppenhaus ungewöhnliches Geschrei. „Was ist denn da los?“ Die Erwachsenen stürzten aus der Küche und Omi riss, mich in den Hintergrund drängend, die Tür auf. Da stand er breitbeinig, barfuß, uns den Rücken zudrehend, in gestreiften Schlafanzughosen und Unterhemd mit hochgehobener geballter Faust, die gleich darauf heruntersauste. „Du Schlampe!“, keuchte er. Seine Muskeln an den Oberarmen quollen auf. Sie schrie. „Dir zeig ich's!“, und wieder schlug er zu. Immer und immer wieder. Mit erhobenen Händen wehrte sie seine Schläge ab. „Bitte, bitte, bitte nicht, nicht, bitte!“, flehte, jammerte, wimmerte sie. Währendessen verschloss die Mutter des Wütenden die Haustür. „Abhauen? Ja? Ja?“ Er presste die Wehrlose, die versucht hatte, aus der Mansarden-Wohnung im 5. Stock die vielen Treppen hinunter vor ihm zu fliehen, gegen die Wand. Er stieß ihr sein Knie in den Unterleib. „Versuch's doch!“, zischte er wutschnaubend. Seine Mutter stand in der Zwischenzeit an der Hinterhoftür Schmiere. Die Bestrafung sollte keiner sehen.

Omi wagte einzugreifen: „Aufhören!!!“, schrie sie aus vollem Hals. Er drehte sich hasserfüllt zu uns um. Ging er jetzt auch auf uns los? Schnell brachte sie sich hinter unserer Tür in Sicherheit. „Man muss die Polizei verständigen“, flüsterte sie, „der schlägt sie tot!“ Meine Onkel waren leider nicht da, die hätten helfen können. Ich drückte meine Nase an die Scheibe und sah durch die kleinen klaren Sternchen des getrübten Glases. Bernhard stand nun auch neben mir und hinter ihm seine Mutter.

Draußen im Foyer hatte sich die Stimmung jedoch verändert.

Die Verfolgte lag gekrümmt und blutend auf dem Boden. Sie war sehr blass. Jetzt auch kein Wimmern mehr. Totenstille. Schluchzend brach er über ihr zusammen, küsste sie überall und streichelte sie, dann hob er die Ohnmächtige behutsam auf. Sie hatte nur einen Unterrock an und ihre mageren, blau und grün geprügelten Arme und Beine hingen nackt, schlaff und leblos herunter, als er die Beute in seinen starken Armen die Treppe wieder hinauftrug. Tränen liefen ihm übers Gesicht. Hinter ihm versperrte seine Mutter die Sicht.

„Pack schlägt sich, Pack verträgt sich“, atmete meine Großmutter erleichtert auf.

Zu meinem Schutz sollte ich mich auch vor Autos in Acht nehmen, auch sie könnten mir gefährlich werden. Ging es über die Straße, nahm man mich an die Hand und wir schauten zuerst nach links, dann nach rechts. Allein durfte ich die Fahrbahn nicht betreten. So schickte ich, wenn unser Ball beim Spielen durch die Hofeinfahrt über den Bürgersteig zwischen die vorbeifahrenden Autos rollte, einen älteren Mitspieler, der todesmutig das Spielzeug zurückholte.

Und trotzdem, obgleich ich folgsam allen Geboten nachkam und mich zum Spielen zunächst immer in Sichtweite meiner Großmutter im Hof aufhielt, bekam ich eines Nachmittags das Ergebnis von Unachtsamkeit zu spüren. Arglos hatte ich mich neben der Beifahrerseite eines im Hof parkenden Jeeps niedergelassen, um dort mit den Steinchen des knirschenden Kiesbodens Muster zu legen. Den rechten Fuß zur Standfestigkeit seitlich etwas ausgestreckt, hockte ich da und war in mein Mosaik vertieft. Fassungslos war der Amerikaner, der seinen Jeep startete und dabei mit dem Hinterrad seines Gefährts über meinen Fuß rollte. Mein lauter Aufschrei ließ ihn sofort wieder halten und bewahrte mich vor Schlimmerem. „Sorry, sorry, sorry!“, beteuerte er immer wieder, nachdem er mich nach Hause getragen hatte. Mein Fuß war angeschwollen und tat ganz schön weh. „Verstaucht“, diagnostizierte die Apothekerwitwe und half mit Essig-saueren-kalt-Wasser-Umschlägen. „Glück gehabt!“

Während der Genesungswoche, in der mein Fuß in abwechslungsreichen Farben schillerte und der Schmerz immer mehr nachließ, schleckte ich an einem amerikanischen Lutscher, der so groß war, dass er anfangs nicht in meinen Mund passte.

Dass mir auch Fahrradfahrer gefährlich werden könnten, hatte man vergessen zu erwähnen. So war ich sehr überrascht, als ich einmal aus der Haustür trat und von einem an mir vorbeizischenden Luftzug gestreift wurde. Ein Zweiradfahrer fuhr verbotenerweise auf dem Trottoir. Also auch beim Verlassen des Hauses erst anhalten, nach links und rechts schauen, merkte ich mir.

Die Schulzeit begann. Mein Aussehen wurde für den ersten Tag unter großen Strapazen verändert.

Omi nähte mir ein Dirndl. Immer wieder musste ich bei den Anproben das Pieksen der Stecknadeln unter der Aufforderung, stillzustehen ertragen, während Omi vor mir auf dem Boden kniete. Das Mieder sollte ohne Falten sitzen, der Rock nicht zipfeln. In mühseliger Handarbeit versah sie die Stoffränder mit Hexenstich, damit sie nicht ausfransten, smokte Stoffbänder, die dann den Ausschnitt zierten. Die Schürze, die vor einem Herunterrutschen durch das Anknöpfen am Oberteil gesichert war, hatte, wie der angekrauste Rock, in dem Saum eingenähte Biesen, zum Rauslassen, wenn ich größer würde.

Und die Haare mussten auch anders werden.

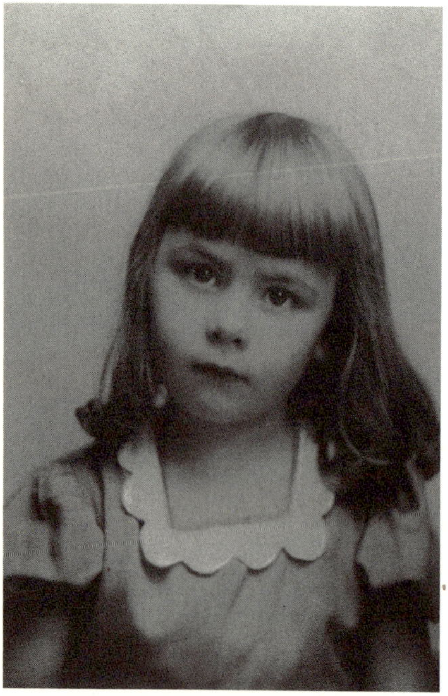

... und die Haare mussten auch anders werden ...

Bisher hatte mir Mutti regelmäßig den Pony geschnitten, wenn er drohte, über die Augen auf die Nase zu wachsen. Die langen dunkelbraunen glatten Haare wurden wenigstens sonntags zum Ausgehen verschönert. Eine Brennschere wurde dazu auf dem Herd erhitzt und um sicher zu gehen, dass man mir nicht die Haare abbrannte, zuerst an Zeitungspapier erprobt. Erst, wenn dies nicht mehr unter fürchterlichem Gestank braun angesengt war, rückte Omi mir mit diesem heißen auf und zu klappenden Eisen zu Leibe.

Da war ich, auf dem Küchentisch sitzend, besonders regungslos und schrie nur kurz auf, wenn sich das heiße Ungetüm gefährlich meinen Ohren und meiner Kopfhaut näherte, denn Omi drehte mir Locken. Diese Prozedur sollte nun aufhören.

Ich bekam Dauerwellen.

Keine zehn Pferde hätten mich in den unserem Haus schräg gegenüberliegenden Frisiersalon gebracht, wenn ich gewusst hätte, was mich da erwartete.

Das Waschen der Haare, bei dem ich den Kopf vornüber in ein Becken stülpen musste und die Augen mit einem harten Waschlappen schützen sollte, ging noch. Obwohl mir das Shampoo-Wasser brennend in die Augen kam und unangenehm in den Kragen lief, ich hielt es klaglos aus. Das kannte ich schon von zuhause. Danach riss mir eine junge Dame in Kittelschürze das nasse Haar büschelweise aus, sie kämmte. Die Haare seien zu dick, man müsse rausschneiden. Der Boden war schwarz. Schnell wurde weggefegt. Zu zweit legte man Hand an. Da wurde mein Haar auf schmale knochenartige Stäbe gewickelt, mit einer Flüssigkeit bepinselt, deren beißender Gestank einem den Atem verschlug und Tränen in die Augen trieb. Die mit Watte geschützte Kopfhaut brannte fürchterlich. Dann Warten, Warten, Warten. Erneutes Auswaschen. Wieder Wickeln ohne Rücksicht. Eine neue Tinktur roch auch nicht gerade besser. Dann unter einem Gummituch Wärme einwirken lassen. Eine zwischendurch vorbeischauende Omi wurde mit „die Kleine ist brav“ wieder weggeschickt. Dann kam die Anwendung neuester Technik. Riesige Klammern wurden auf die Lockenwickler geklemmt, nachdem sie mit Gummistulpen überzogen worden waren, und unter Strom gesetzt. Die Teile waren so schwer, dass ich kaum noch aufrecht sitzen konnte. Die Grausamkeit gipfelte in den Schmerzen, die eine vorbei laufende Kundin mit ihrem an meinem Kopfschmuck hängen bleibenden Ärmel verursachte und mich dabei fast vom Stuhl riss. Mir wurde heiß, wann war das endlich fertig? Gott sei Dank! Klammern ab, Wickler unter Ziepen entfernt. Aber es ging immer noch weiter.

Erneutes Waschen, Eindrehen, mit Haarklammern Feststecken, Hängen bleiben mit dem Stielkamm, Kratzen an der Kopfhaut, Ziehen und Zerren am Haar. Schließlich unter eine große Plastikhaube, aus der heiße Luft strömte. Fragender Blick in den Spiegel mir gegenüber, sich bewegende Lippen: „Ist's so recht?“ Aber wie sollte ich bei dem Rauschen in meinen Ohren sonst noch etwas hören? Das Gerät wurde immer heißer, die Drahtlockenwickler auch. „Auuuuu!“ Ich versuchte durch Wegrutschen auf dem Stuhl, mich weiter von der Haube zu entfernen. Mit „Du musst schön sitzenbleiben!“ wurde ich wieder zurechtgerückt, der Schalter eine Stufe niedriger gestellt und Wattestreifen schützten nun meine Ohren.

Nie wieder Frisör!

Über vier Stunden verbrachte ich in dieser Folterkammer. Das Ergebnis: Ich sah aus wie ein Affe. Nie wieder Frisör!

Natürlich brauchte ich auch neue Schuhe. Mit diesen alten, abgestoßenen, schiefgelaufenen, geschnürten Dingern konnte ich unmöglich zum ersten Schultag gehen. Man blamiert sich ja! Es kamen zwei Geschäfte in Frage. Mutti und Omi entschieden sich für Hollenbach, einen Schuhsalon in der Neugasse.

Ein sich verbeugender Herr empfing uns, ging voraus, wies auf eine Stuhlgruppe und versprach uns Hilfe. Wir nahmen Platz und warteten. Mein Fuß lagerte unbeschuht in frisch gewaschenem Strumpf auf einem Podest. „Was soll es sein?“ Als ich die Kittelschürze der Fragenden sah, rutschte ich ein bisschen tiefer. Wieder Quälerei? Mutti sprach. Die Bedienung eilte davon und kam bald darauf mit einem riesigen Stapel Schuhschachteln zwischen Hand und Kinn und zwei Schachteln unter den linken Arm geklemmt wieder. Sie verteilte die Kartons auf dem Boden neben sich und setzte sich zu meinem Fuß auf das Podest. Jedes Exemplar wurde uns zuerst auf

Die Schuhe hatte ich von nun an immer zu besonderen Gelegenheiten und sonntags an.

ihrer Hand präsentiert. Wenn Mutti zustimmend nickte, quetschte sie meinen Fuß mit Hilfe eines Schuhlöffels, den sie vorsichtig zwischen Schuh und Ferse steckte, in den neuen Schuh. Mit einem kräftigen Daumendruck auf die Kappe überprüfte sie, wie weit meine Zehen in den Schuh ragten. „Passt er? Lauf mal!“ Und ich drehte humpelnd eine Runde. Der Vorgang wiederholte sich. Mal war die Fersen-Kappe zu hoch und scheuerte, „mit einem kleinen Einlegsöhlchen kein Problem“. Mal schlappte ich hinten raus, „ein bisschen Watte vorne reingestopft, das Kind wächst ja so schnell rein“. Wurden die Zehen zusammengedrückt, „wir können ihnen den Schuh selbstverständlich etwas weiten“. Rote, blaue, hell- und dunkelbraune, schwarze, weiße Schuhe mit und ohne Schnallen, Bändern, Schnürsenkeln, Schleifen, Laschen. Mutti gefiel keiner. Die Verkäuferin verschwand, es dauerte eine Weile, dann kam sie hoheitsvoll, überlegen lächelnd wieder, öffnete den Deckel des mitgebrachten Kartons, schlug mit elegantem Schwung das graue Seidenpapier zur Seite und zeigte uns triumphierend ihr schönstes Stück: ein schwarzer, glänzender Lackschuh, zierlich und schmal, mit sich graziös überkreuzenden Bändern über dem Spann. Wunderschön. Er passte wie angegossen. Und dazu bekam ich an der Kasse noch ein Bilder-Heftchen über die Abenteuer eines Feuersalamanders. Fröhlich ging es zwischen den zwei Frauen nach Hause, ohne ‚Engelchen flieg' zu versäumen. „Noch mal! Noch mal!"

Die Schuhe hatte ich von nun an immer zu besonderen Gelegenheiten und sonntags an.

Eingeschult wurde ich zusammen mit der hellblonden Anneliese.

Eingeschult wurde ich zusammen mit der hellblonden Anneliese, der Tochter unseres evangelischen Pfarrers. Sie hatte Zöpfe, die, wenn sie nicht sittsam, sauber geflochten, gleichlang auf ihrem Rücken lagen, zuweilen wie Schneckenhäuser auf ihren Ohren saßen oder über ihrer Stirn eine Krone bildeten. Einen Hahnenkamm wie Adelheid trug sie nie.

In ihrem Garten, in dem wir manchmal am Nachmittag spielten, imponierten mir die dort wachsenden langen, alles überragenden rosafarbenen Stangen mit tellergroßen Blättern. Zog man die farbige Haut von den Stielen, konnte man am freigelegten Schaft lutschen. Das war zum Schütteln sauer, schlimmer noch als die Brausewürfel mit Zitronengeschmack, die es am Kiosk an der Ecke für 10 Pfennige gab und von denen man, entschied man sich für Himbeere, vom Lecken eine rote Zunge bekam; und, wenn man ein zu großes Stück abbiss, sich bis zum Schlechtwerden Schaum im Mund entwickelte. Ich kaufte lieber die Tütchen mit Brausepulver. Sie kosteten nur 5 Pfennige. Es gab sie auch in orangener und grüner Farbe. Man öffnete sie oben, steckte den Zeigefinger zuerst in den Mund, danach in die Tüte. Die dann an dem feuchten Finger klebende Brause konnte nun genüsslich abgelutscht werden. Um ja keinen Krümel zu verschwenden, leckte man schließlich noch die Innenseite des weiter aufgerissenen Papiers ab.

Eigentlich war der Inhalt aber dafür bestimmt, ein gewöhnliches Glas Leitungswasser, wie wir es zu Hause immer tranken, wenn wir Durst hatten, zu einer, wenn man nicht aufpasste, überschäumenden und beim sofortigen Verzehr die Nase nass werden lassende Köstlichkeit zu verwandeln.

Die Wilcken-Volksschule befand sich zwischen Wilcken- und Lutherstraße, in der mein Kindergarten lag, und so war mir der tägliche Hin- und Rückweg bereits vertraut.

Eine hohe Steinmauer umschloss das Schulgelände. Durch eine breite Öffnung gelangte man zuerst in einen großen Hof, in dessen Mitte ein hoch in den Himmel ragender Kastanienbaum an heißen Tagen Schatten spendete. Um ihn herum musste man in der großen Pause im weiten Kreis immer in derselben Richtung gesittet gehen, frische Luft schnappen und dabei sein Frühstück einnehmen.

Ein mächtiges, bedrohlich wirkendes Sandsteingebäude schloss sich an. Ging man an ihm vorbei, gelangte man in einen weiteren Schulhof, der einen Ausgang zur Lutherstraße hatte. Das Gebäude hatte zwei weit voneinanderliegende Portale, die jeweils nach Überwindung einer vierstufigen steinernen Treppe nur unter Aufsicht einer Lehrperson Hand in Hand, hübsch hintereinander, ohne Gedränge zu durchschreiten waren. Über der ersten Tür stand in großen aufgepinselten schwarzen, altmodischen Buchstaben ‚Knaben', über der zweiten ‚Mädchen'.

Im 1. und 2. Schuljahr waren die Geschlechter getrennt. In meiner Klasse war es ruhig. Wir Mädchen waren brav, fleißig, gewissenhaft, pünktlich, ordentlich, sauber, gekämmt, zuverlässig, bemüht, verständnisvoll, eifrig und hilfsbereit. Die meisten von uns konnten das mit Fleißbildern, die wir für unser vorbildliches Verhalten erhielten, dokumentieren.

Gestört wurde die Harmonie nur zweimal in der Woche im Religionsunterricht. Hier wurde nicht nach Geschlecht, sondern nach Religionszugehörigkeit aufgeteilt. Schon wie die Buben reinkamen, laut, frech grinsend, Schulsachen lässig hingeschmissen, eingebildet oder verlegen, manche mit roten Ohren, verschwitzt und mit dreckigen Fingernägeln. Und im Unterricht präsentierten sie sich oft faul, unaufmerksam, vergesslich, bis auf wenige mit besonders hoher Stimme zum Gesang völlig ungeeignet. Kein Wunder, dass der Herr

Lehrer mit dem Rohrstock Fingerspitzen und Handrücken bearbeiten, Kopfnüsse verteilen und Ohren verdrehen oder langziehen musste. Danach wurde nicht selten geflennt, aber ganz Kühne imponierten auch mit einer hinter seinem Rücken herausgestreckten Zunge.

Es war schon sonderbar, dass dann auch manche Mädchen einer Strafe nicht entgingen. Sie tuschelten und kicherten so, kreuzten die Arme nicht über dem Tisch und saßen nicht still. Da waren zuweilen alle vier Ecken im Klassenzimmer besetzt. „Mit dem Gesicht zur Wand!“, donnerte es.

Als aber einmal ein langer, hoch aufgeschossener, blasser, abgemagerter Junge wegen einer nicht gemachten Hausaufgabe eine Schulstunde lang regungslos, ohne sich zu mucksen, aufrecht, ohne sich irgendwo anlehnen zu dürfen und, zufällig von grellem Sonnenlicht beschienen, auf dem Lehrerpodest stehen musste, danach ohnmächtig werdend genau so steif, wie er dagestanden hatte, vornüber fiel und ohne Bewusstsein, leichenblass, mit blutender Kopfwunde abtransportiert wurde, kamen nicht nur mir Zweifel an der Zweckmäßigkeit der Bestrafungsmethoden.

Ich blieb gelassen, wenn das andere Geschlecht mit uns zusammentraf.

Mir konnten sie nichts vormachen.

Bernhard und mit ihm alle männlichen Spielgenossen auf unserem Hof hatten mich mit ihrer Andersartigkeit längst vertraut gemacht. Ich mochte ihr unkompliziertes Verhalten, ihre Aufrichtigkeit. Sie petzten nicht und waren zuverlässig und gerecht. Sie waren stark, tapfer, mutig und voll Abenteuerlust. Geheult wurde selbst bei Schmerzen sehr selten. Mit ihnen konnte man richtig gut spielen. Ich fühlte wie sie und unterschied mich nur durch mein Aussehen. Meine Freundinnen konnten und durften auch von ihren Eltern aus da nicht mithalten. Sie spielten lieber mit Puppen.

Eine Puppe hatte ich auch. Lange Wimpern klappten über hellblau leuchtenden Augen herunter, wenn man sie hinlegte. Sie hieß Klarissa, nach einem zarten Mädchen im Kindergarten mit betörend wie Gold glänzenden Löckchen. Sie beeindruckte mich. Der Kopf meiner Puppe war kahl.

Aber lieber spielte ich mit meinen beiden Stofftieren, sie hatten einen messingfarbenen Knopf im Ohr: Schoko, ein Schimpanse, der unter Druck auf den Bauch grunzte und dessen Arme und Beine rundherum um Schulter- und Hüftgelenk zu bewegen waren und Bambi, ein steifes Reh. Ging ich mit Mutti spazieren, mussten sie uns begleiten.

Mutti, die die ganze Woche angestrengt im Büro arbeitete, hatte am Wochenende das Bedürfnis nach frischer Luft. Zusammen mit Omi machten wir Nachmittagsausflüge. Nach einem Anfahrtsweg mit der Straßenbahn steuerten wir die Ziele zu Fuß an. Ich lernte das Gemäuer und die Gärten des Stift Neuburg kennen, ohne jedoch jemals einen Mönch gesehen zu haben, pflückte auf den Wiesen um den Kümmelbacher-, Kohl-, Bierhelder- und Speyerer Hof Blumen, manchmal im Auftrag Omis auch Sauerampfer für ein delikates Süppchen, während die Erwachsenen bei einem Kännchen Kaffee saßen, wanderte im Wald zur Molkenkur, zu den Drei Eichen, den Sieben Linden, zum Weißen Stein oder zum Wolfsbrunnen und erwartete eigentlich beim ersten Besteigen des höchsten Berges den Stuhl des Königs. Die Geschichten, die Omi zum Heidelberger Schloss, der Handschuhsheimer Tiefburg und dem Schwetzinger Schlosspark zu erzählen wusste, versetzten mich in die Zeit tapferer Ritter, böser Hexen und des Lustwandelns in rauschenden Kleidern mit Krönchen auf dem Kopf.

Im Frühjahr atmeten wir an den Berghängen Richtung Dossenheim den Blütenduft der Obstbäume und entzückten uns am zarten Rosa der Mandelbäume. Im Herbst schob ich auf den Neckarstaden meine Füße unter die raschelnden Berge herabgefallener Platanenblätter und nahm die schönsten davon zum Pressen mit nach Hause. Ein einziges Mal, in einem besonders kalten Winter, konnten wir sogar auf dem Neckar spazieren gehen, bis hinüber nach Neuenheim.

Für den Vormittag eigneten sich nur kürzere Wegstrecken, da man zum Mittagessen pünktlich wieder zurück sein

Hatten wir jedoch nur ein Stündchen Zeit, gingen wir in den Garten der Ludolph-Krehl-Klinik.

musste. In der Morgensonne blinzelten wir dann nach einem steilen Anstieg vom Philosophenweg herunter in die herrliche Aussicht auf Schloss und Neckartal, „Alt Heidelberg, du feine, du Stadt an Ehren reich, am Neckar und am Rheine, kein' and're kommt dir gleich", bevor wir uns auf dem rasch abwärts führenden, sich eng windenden Schlangenweg auf den Rückweg begaben.

Hatten wir jedoch nur ein Stündchen Zeit, gingen wir in den Garten der Ludolph-Krehl-Klinik. Dort steuerten wir ein Rondell an, das, von Sitzbänken umsäumt, in seiner Mitte einen kleinen Seerosen-Teich beherbergte.

Zum Sonnen nahmen Mutti, Schoko und Bambi auf einer Bank Platz und ich musste ihr ein großes Blatt von einem der angrenzenden Büsche besorgen. Sie bespuckte es kurz und klebte es als Sonnenschutz auf ihre große Hakennase, wegen der sie oft unglücklich in den Spiegel schaute und eine operative Verschönerung erwog, zu der es jedoch schon aus Geldmangel nie kam.

Ich hatte keine Langeweile.

Im Teich schwebten auf der Wasseroberfläche in Rosa, Hellgelb und Weiß wunderbare Seerosen zwischen kreisrunden Blättern, auf denen glitzernde Wasserperlchen rollten, wenn die Wasserfontäne in Betrieb war. Manche Blüten waren noch zu festen grünen Kugeln geschlossen und machten mich auf ihre Farbe neugierig.

Wenn ich regungslos am Rand stand, trauten sich auch die Goldfische heran, um Luft zu schnappen.

Ich schöpfte mit meiner kleinen Gießkanne Wasser und vergnügte mich am erschreckten Quietschen meiner mit geschlossenen Augen dösenden Mutter, die ich mit der unerwarteten Erfrischung an Arm oder Bein überraschte.

Die Kieselsteinchen auf den Wegen bezauberten durch die Vielfalt ihrer Maserungen. Ich sammelte und sortierte viele von ihnen, um meiner Mutter daraus ein Herz auf dem Boden vor ihren Füßen zu legen.

Omi, die sich in dieser Zeit um den Haushalt kümmerte,

brachte ich ein Sträußchen Klee und Gänseblümchen mit. Und sie beeilte sich, die schon auf dem Heimweg erschlafften Blumen mit frischem Wasser zu neuem Leben zu erwecken.

Die Stofftiere durften wieder zu ihren Spielgefährten auf meinem Bett.

Meine sonstigen Spielsachen waren im Wandschrank am Ende des Korridors untergebracht.

Da war eine Schachtel mit knallhartem Knet, der, zuerst immer auf Zeitungspapier ausgebreitet, auf die warme Platte des Küchenherdes gelegt wurde. Am Gestank merkte man, wann die warme, nun geschmeidige Masse zu bearbeiten war. Omi konnte Tiere zaubern, bei mir waren es nur unförmige Klumpen, aber unter Darüberrollen mit der Handfläche entstanden schöne bräunlich gestreifte Schlangen oder auch Zuckerstangen, die sich in Brezeln verwandeln ließen oder auf einem Holzbrett mit einem Messer zerkleinert wurden, um erneut wieder zusammengemanscht zu werden. Das ursprünglich leuchtende Rot, Gelb, Grün und Blau war nur noch an einigen winzigen Stellen zu finden, ansonsten war die Masse schmutzigfarben. Nach dieser Beschäftigung hatten meine Fingernägel regelmäßig besonders dicke Trauerränder, die von Omi gleich wieder entfernt wurden.

In einem Schuhkarton waren meine Bauklötze. Da hatte ich zu schleppen, wenn ich am Küchentisch mit ihnen spielen wollte, denn sie waren aus richtigem roten Ziegelstein. Mit ihnen baute ich Festungen und Türme, die ich von außen dann wieder bewarf. Wenn sie laut krachend zusammenstürzten, versuchte ich schnell, mit Oberkörper und Armen die nach allen Seiten hüpfenden Steine am Tischrand vor dem Herunterfallen und Zerbrechen zu bewahren.

Am liebsten aber spielte ich mit einem Perlenspiel, bei dem ich nach einer Vorlage die Perlen auf einer gelochten Pappe zu Bildern platzieren sollte. Wenn dann das Bild vollendet vor mir lag und ich mit den Händen über die kugelige Oberfläche der silbrigen, goldenen, grell rosa, grünen und blauen Perlen strich, war ich richtig zufrieden. Keine der kleinen Kugeln durfte verloren gehen, und ich passte auf. Vorsichtig trug ich das Spiel wieder zum Wandschrank, dort hatte es seinen festen Platz.

Wenn ich mich amüsieren wollte, holte ich die Verpackung von längst gegessenen Schokoladentäfelchen. In zwei Reihen ausgestanzter Fenster erschienen lustige, wie Menschen angezogene Tier-Figuren, oben die Köpfe, unten die Körper, die sich, wenn man die Reihen verschob, immer wieder zu den groteskesten Gestalten zusammensetzen ließen.

Manchmal ließ ich einen winzigen grünen Blechfrosch über den Flur auf und nieder klappern, nachdem ich ihn, seine Füße festhaltend, mit einem Schlüssel, den ich in seinen Bauch steckte, bis zum Anschlag aufgezogen hatte.

Lustig war auch ein kleiner, gelb-schwarz gepunkteter Hund, der auf einem Holzsockel stand. Drückte ich mit dem Finger auf den sich darunter befindenden Gummiknopf, fing das Tier an, sich zu bewegen. Seine durch Faden zusammengehaltenen Gliedmaßen konnten sich plötzlich akrobatisch verbiegen und je nach Druckstärke meines Fingers nach vorne, hinten, rechts oder links umkippen oder in sich zusammenklappen. Onkel Rüdiger erreichte beim Hündchen auch das Wedeln des Schwanzes oder das Schräglegen des Kopfes, bevor er mir das Mitbringsel überreichte.

Das brachte ich noch nicht fertig. Aber ich übte.

„Übung macht den Meister“, das spürte ich, denn mit viel Fleiß erlangte ich in einigen Tätigkeiten eine Perfektion, mit der ich vor allen, die mir zusahen, imponieren konnte und sie oft, wenn es zum Wettstreit kam, besiegte.

So konnte ich meinen bunt gestreiften Ball am längsten von allen immer wieder an die Treppenhaus- oder Hofeinfahrtswand stupsen und mich währenddessen um die eigene Achse drehen, in die Hocke gehen oder in die Hände klatschen, ohne dem Ball Gelegenheit zu geben, den Fußboden zu berühren.

Mit dem Springseil konnte ich mich vorwärts und rückwärts über den Hof bewegen, mit geschlossenen Beinen oder nur auf einem Bein hüpfen und ohne hängenzubleiben selbst durch die verkürzte Schlaufe eines gekreuzten Seiles schlüpfen, und das alles mit wachsender Beschleunigung.

Es gelang mir fast immer, den Hickelstein mitten in das gewünschte nummerierte Feld zu platzieren, ihn danach, ohne eine Linie zu berühren, hickelnd zu erreichen und fehlerfrei wieder zum Ausgangspunkt zurückzubringen.

Mit Leichtigkeit drehte ich Purzelbäume an den halbhohen, waagrecht verlaufenden, gusseisernen Absperrstangen auf dem Platz vor dem Versorgungsamt oder hing daran, mich nur mit den Kniekehlen festhaltend, mit dem vom umgestülpten Rock verdeckten Kopf nach unten.

Wie eine Primaballerina drehte ich auf Zehenspitzen Pirouetten, verharrte ohne umzufallen in der Waage und sprang in weiten Bögen mit einem angewinkelten und einem gestreckten Bein durch die Luft.

Ich beherrschte den Handstand an die Wand, das Radschlagen im Hof, konnte mit dem Fuß meinen Kopf berühren und mich aus auf dem Rücken liegender Haltung aufrichten und zur Brücke verkrümmen.

Das Stelzenlaufen gelang schon nicht mehr so gut, denn nur Bernhard besaß ein Paar und ob man das auch mal benutzen durfte, hing von seiner jeweiligen Laune ab.

Auch hatte ich keine eigenen Rollschuhe und wenn ich auf einem einzelnen ausgeliehenen Teil übte, stemmte ich immer einen Sicherheit bietenden Fuß auf den Boden. So wurde das nichts. Das ist auch viel zu gefährlich, begründete Omi die Nichtanschaffung.

Ich fügte mich. Ich wusste, wir hatten kein Geld.

Für unsere Spiele im Freien ging es auch ohne. Wölfel Kipfler hatte gute Ideen. Er wohnte im Nebenhaus, Bergheimer Straße 61, im Hinterhof, ganz oben. In seinem Schlepptau und unter seinem Schutz war Peter Terny, der kleinste und jüngste von uns. Er wohnte im Vorderhaus. Wölfel war vier Jahre älter als ich, trug im Sommer immer kurze Lederhosen und war unser Anführer. Ich schaute zu ihm auf. Er war sportlich, hatte sonnengebräunte glatte Haut und blonde Haare, am Hinterkopf kurz geschoren und über der Stirn in weichen Locken fallend. Er war stets ruhig, besonnen und freundlich. Wenn wir uns prügelten, ging er dazwischen. Wenn jemand bestraft werden musste, bestimmte er die Art und Weise. Nach seiner Anleitung spielten wir unter Ertüchtigung unserer Stimmbänder und mit vollem Körpereinsatz ‚Kaiser, wie viel Schritte darf ich gehen?', ‚Ochs am Berg', Fangen und Verstecken, sowie Ballspiele wie ‚Kaiser, König, Bauer, Bettelmann' und ‚Hallihallo', oder wir bildeten Paare, fassten uns, die Arme überkreuzt, an den Händen, drehten uns unter steigender Beschleunigung im Kreis, bis uns schwindelig wurde, ließen los und verharrten wie versteinert in den durch das Herausschleudern groteskesten Körperstellungen.

Unsere Einsatzfreude beim ausgelassenen Toben am Nachmittag wurde zuweilen durch ein kräftiges „Ruhe!!!“ kurz unterbrochen. Es kam aus den Doppelfenstern über der Hofeinfahrt. Entweder erschien der kugelförmige, hochrote, fast kahle Kopf des Herrn Lomani oder der hagere Oberkörper seiner Frau, mit Rüschenkragen bis zum Kinn, langem, zuckendem Gesicht mit eingefallenen Wangen, umrahmt von wirr abstehenden, vor Aufregung wippenden, weißgrauen, gekrausten Haaren. Beide hatten steile Falten zwischen den Augenbrauen, wenn sie das Fenster öffneten, um uns Einhalt zu gebieten. Diesen Krach duldeten sie als Hausbesitzer nicht. Sonst sah man sie nie. Man flüsterte, sie seien Juden, man hätte sie wohl übersehen. Zweimal musste ich ihnen die Miete bringen. Sie hatte vorsichtig geöffnet und mich dann zu ihm in einen weiten Raum geführt. Über einen dicken weichen Teppich tippelnd erreichte ich ihn schließlich, einen unscheinbaren kleinen Mann hinter einem großen schwarzen Flügel verschwindend, und gab ihm das Geld. Er bedankte sich murmelnd. Ich knickste und huschte schnell wieder hinaus.

Inzwischen wurde die Miete von Herrn Karl, dem neu eingestellten Hausmeister, am Monatsende kassiert und in einem kleinen schwarzen Heftchen mit einem Bleistift quittiert. Oft jammerte Omi und bat darum, die Zahlung noch ein bisschen hinauszögern zu dürfen. Er kam dann eine Woche später. Zeit genug, um mit Onkel Rüdiger zu schimpfen und ihn zu beknien. Schließlich wohne er hier.

Ihm ging es gut. Er arbeitete für Wüstenrot. In seinem Zimmer bastelten für ihn mein Vater, Herr Kretschmar und mein Onkel Wolfi an kleinen Häuschen. Von oben konnte man in die einzelnen Räume schauen. Die Einrichtung bestand aus winzigen bemalten Holzklötzchen, die als Tisch, Stühle, Sessel, Schrank und Doppelbett auf Boden und Wänden fest angeklebt waren. Kurz vor Tengelmann bewunderte man die fertigen Hausmodelle im Schaufenster. Da waren sie sogar von innen beleuchtet und drehten sich auf runden Scheiben, damit man sie von allen Seiten betrachten konnte.

Sein Wohlstand zeigte sich zuerst an einem großen, braunen Kasten mit Schiebetüren, einem Musikschrank, der eines Samstag Morgens in seinem Zimmer der Familie vorgeführt wurde. In ihm war ein Radio eingebaut, ein Tonband und ein Plattenspieler für große und kleine federleichte Schallplatten. Man musste nicht wie bei Zometsch's Grammophon an einer Kurbel drehen und eine kratzende Nadel auf eine dicke schwarze Schelllackscheibe setzen, um Musik hören zu können, sondern drückte ganz einfach auf eine der weißen Tasten. „C'est si bon, si bon, si bon" und Rüdiger und Mutti tanzten.

Mit Onkel Rüdiger erlebte man immer Außergewöhnliches!

„So ein Unsinn!", schimpfte Omi verständnislos, „Dafür hat er Geld!" und verschwand kopfschüttelnd in der Küche.

Das nächste Objekt seines luxuriösen Lebensstils fand jedoch auch ihre Bewunderung. Es stand auf einmal in unserem Hof, ein Auto. Mein Großvater hatte selbstverständlich das neueste Modell von Mercedes gehabt. Aber das war vor dem Krieg. Später musste er es, obwohl er General war, abgeben. Mit dem Hitler, das geht nicht gut, soll man sich im Stab einig gewesen sein.

Nun hatte ihr Sohn auch einen Wagen. „Mein Gott!“, klatschte sie in die Hände. Es war ein grüner Volkswagen mit Weißwandreifen, blitzenden verchromten Felgen und weißem Stoffverdeck, das man bei schönem Wetter aufklappen konnte.

Mutti saß vorne neben Onkel Rüdiger, Omi und ich, eng aneinander, hinten. Wir fuhren spazieren, und unsere Ausflugsziele waren nun weiter als üblich von daheim entfernt. So sah ich zum ersten Mal den Schwarzwald. Wir fuhren auf der Schwarzwaldhochstraße. Dunkle Tannen überall, Nebel über dem Schluchsee. Zum Abendessen kehrten wir ein. Hotel Ritter. Das Dach des Hauses reichte bis zum Boden und war dick mit getrockneten Pflanzenhalmen bedeckt. Eine Treppe führte zur tief im Erdboden liegenden Eingangstür. Allerlei Utensilien aus dem Mittelalter schmückten den Vorraum, Ritterrüstungen, Schwerter, Wappenschilder, ich nahm sie nur am Rande wahr, denn mein Blick fiel auf eine im Restaurant aufgestellte lange Tafel, auf der sich essbare Köstlichkeiten türmten. „Guten Abend, Herr Budnowski! Gnädige Frau?“, verbeugte sich ein Herr in schwarzem Jackett, das über dem Po in langen Streifen bis zu den Kniekehlen hinunterhing. Woher kannte er meinen Onkel? Auf dem Tisch lagen zwischen Weintrauben und Zitronenscheiben spinnenartige, knallrote, gegliederte Tiere. Sie sahen aus, als ob sie krabbeln könnten. Ihre Vorderarme hatten breite Zangen und aus ihrem Kopf ragten lange dünne Fühler in den Raum. „Ihr Fleisch ist eine Delikatesse!“, schwärmte Mutti und verdrehte ebenso genüsslich die Augen, als sie so schwarzes Zeug von Fischen auf der Zunge zergehen ließ. Pfui Teufel, schmeckt das widerlich, dachte ich. Dazu trank man Champagner und ich bekam auch ein Schlückchen, hmm!

Ein anderes Mal kehrten wir im ‚Stallenkandel‘ ein. Eine

Bauernwirtschaft im Odenwald, die für ihren hausgemachten Schinken und das selbstgebackene Brot berühmt sein sollte. Wir nahmen an einem rotweiß kariert gedeckten Tisch Platz und hatten durch große Glasscheiben einen freien Blick auf sanfte, weiche, in unterschiedlichem Grün schimmernde Wiesen und verschieden hohe angrenzende Hügel, die, je weiter sie weg lagen, umso heller erschienen. Der Bergrücken uns gegenüber war von den Wipfeln der Bäume gezackt, aber an einer Stelle fehlten die Zacken und es sah aus, als ob ein rechteckiges Stück am Horizont herausgeschnitten worden wäre.

Es war schon dunkel, als wir die lange Heimfahrt antraten. Omi und ich wurden auf der Rückbank immer wieder mal nach rechts, mal nach links gedrückt. Die Abfahrt soll die kurvenreichste Strecke im Odenwald sein. „49 Kurven!“, prahlte Onkel Rüdiger entsprechend mit seinen tollkühnen Fahrkünsten. Vergnügt quietschend warf ich mich noch ein wenig kräftiger, als es hätte sein müssen, an meine Großmutter.

Mutti war es schlecht. Ihr bekam der Übermut ihres Bruders nicht.

Sie hatte überhaupt wenig Verständnis für einige seiner Vorlieben. Ich dafür umso mehr.

Wieso fand sie die Heidelberger Messe so schrecklich? „Dieses Gesocks!“ Dabei fuhr ich dort mit Onkel Rüdiger Achterbahn, eine Messeneuheit, die die langsame Fahrt mit dem Riesenrad in schwindelnde Höhe, die Schiffschaukel, mit der sich nur einige ganz Mutige überschlugen und das Kettenkarussell, bei dem einem der Wind ins Gesicht blies und man aufpassen musste, dass man nicht die Schuhe verlor, an Attraktion übertrumpfte. Mein Onkel hatte die Fahrkarten gebündelt in der Tasche. Nach einer Fahrt blieben wir sitzen und warteten, bis es von Neuem losging. Immer und immer wieder. Mühsam bewegte sich der Wagen zuerst knackend und ächzend, hoffentlich kracht das Ding nicht zusammen, steil nach oben, verharrte einen Augenblick an höchster Stelle und sauste dann, ich schloss schnell die Augen und klammerte meine Hände fest um die vor mir angebrachte Haltestange. In rasender Schnelligkeit ging es fast senkrecht nach unten und mit Schwung wieder nach oben. Es kitzelte im Bauch. Ich kreischte aus vollem Hals. Dann kamen noch einige abwärtsführende Kurven, die der Wagen, uns durchschüttelnd, jeweils in letzter Sekunde nahm und doch nicht geradeaus in den Himmel fuhr, bevor sich das Gefährt, mehrmals von Gummischienen abgebremst, dem Ausgang näherte. „Nochmal?“ „Au, ja!“.

Oder wir fuhren in auf einer Metallplatte gleitenden, selbst zu steuernden kleinen Autos, die durch eine hinter dem Rücksitz angebrachten langen Stange mit der Decke Kontakt hatten, und an deren Ende es manchmal knisternd aufblitzte.

Lässig zurückgelehnt, den rechten Arm beschützend um meine Schultern gelegt, den linken angewinkelt auf dem Türrahmen gelagert, bugsierte mich mein Onkel nur mit Daumen und Zeigefinger lenkend mitten im Getümmel, vorwärts und rückwärts fahrend, geschickt an allen anderen Teilnehmern vorbei. Nur manchmal, und bei seiner Fahrkunst war mir das unverständlich, konnte er einen heftigen Zusammenstoß mit einem anderen Auto nicht verhindern. „Entschuldigung!“, rief er dann lachend und kniff eines seiner Augen zu. Die betroffenen, zumeist hübschen Damen verziehen ihm.

Zum Abschluss gab es klebrige Zuckerstangen, an denen man sich die Zähne ausbeißen konnte, auf der Brust ein verziertes Lebkuchenherz an einem Band um den Hals, um das Handgelenk eine Schnur, an deren Ende über dem Kopf von meinem Onkel ein Luftballon mit aufgemaltem Gesicht schwebte. Und ein Tütchen mit frisch gebrannten Mandeln für die Daheimgebliebenen.

Der Luftballon landete nach dem Loslassen an der Decke unseres Schlafzimmers. Zwischendurch musste Omi ihn, nachdem sie auf einen Stuhl gestiegen war, um seine Schnur zu erreichen, immer wieder zum Spielen herunterholen, bis er immer kleiner und runzeliger wurde und schließlich, eine Woche später, ermattet und ohne Füllung auf dem Fußboden lag.

Bernhard wusste, wie man das erschlaffte Gummi wieder zum Leben erweckte. Er blies mit dicken Backen Luft in die Öffnung des Ballons hinein, versperrte ihr mit zusammengekniffenen Fingern den Rückweg. Es gab nun drei Möglichkeiten. Man konnte mit einem Knoten im Öffnungskanal ein Entweichen der Luft verhindern und hatte nun einen Ball, den man sich vorsichtig anstupsend zuspielte. Zog er aber mit beiden Händen das Gummi an der Öffnung auseinander, sodass ein schmaler Schlitz entstand, entwich die Luft laut und unerträglich schrill pfeifend, oder er hielt den aufgeblasenen Ballon einen kurzen Moment nach oben und ließ los. Dann zischte das Gerät wie eine Rakete, völlig unberechenbar, in wirrem Zickzack, laut aufheulend durch den Raum und landete aufgrunzend an unerwarteten Plätzen: auf dem Schrank, hinter der Kommode, unter dem Tisch, in meinem Gitterbett. Wir mussten schon ganz schön herumturnen und wegrücken, um ihn wieder aufzulesen. Wenn er aber das heiße Ofenrohr berühren würde, wäre es mit dem Spiel vorbei. Da gingen wir besser damit in den Korridor oder ins Treppenhaus.

Wenn man jedoch eine Steck- oder Nähnadel in den Luftballon stieß, konnte der laute Knall einen Mitbewohner erschrecken. Danach war der Ballon zwar kaputt, aber wir spannten die Gummifetzen vor unseren Mund, bis das Gummi hauchdünn war, zogen Luft ein und drehten der kleinen in unserem Gaumen entstehenden Blase vor unseren Lippen die Luft ab. Rieb man die Kugel an der scharfen Kante der Hauswand, verursachte ihr Zerbersten wenigstens einen kleinen Knall.

Mutti verabscheute solche Geräusche und ebenso Onkel Rüdigers Umgang mit Knallkörpern kurz vor Silvester. Ich durfte sorgfältig in Holzwolle verpackte Knallerbsen auf dem Steinboden im Treppenhaus zerschellen lassen, während er grünen Knallfröschen Feuer unter dem Hintern machte und Luftheuler und Schweizer Kracher mit seiner brennenden Zigarette in Bewegung setzte. Ich musste, während er einen aus Schnüren zusammengebundenen Würfel in einem offenen Karton zündete und vor der Haustür beim Nachbarn in der Kellerwohnung abstellte, klingeln und mit ihm dann schnell, die Ohren zuhaltend, wegrennen. Wummm!, dröhnte es. Wir hüpften vor Vergnügen.

Bei den gestehenden und entschuldigenden Worten, die ich am nächsten Tag dem Geschädigten vorzutragen hatte, darauf bestand Omi, war mein Onkel nicht dabei. Er ließ sich zusammen mit seinem Bruder auch verleugnen, als es eines Abends an der Haustür läutete und ein aufgebrachtes Ehepaar, das auf der Bergheimer Straße an unserem Haus vorbeigegangen war, behauptete, der Feuerwerkskörper, der den Pelzmantel der Ehefrau verbrannt hätte, sei aus dem Fenster gleich neben der Haustür geworfen worden. Sie forderten Schadensersatz. Omi konnte sie jedoch beschwichtigen, sie müssten sich getäuscht haben, da sei niemand zu Hause.

Hatten denn ihre Jungen nur Schabernack im Kopf?

Mit Rüdiger ginge das so nicht mehr weiter, jetzt sei auch noch die Zimmertür total beschädigt. Die Männer zielten zwischen ihrer Arbeit mit einem Luftdruckgewehr auf eine an der Tür befestigte weiß-schwarze Scheibe. Nicht jeder konnte so gut schießen wie mein Onkel; viele kleine dunkle Punkte im weißen Lack.

Mein Onkel entrann dem abendlichen Geschrei seiner Mutter, drückte sich vor den Verpflichtungen und zog um. Zu meinem Glück nur einen Stock höher in einen ehemaligen Büroraum des Antiquariats, das eine Zweigstelle in der Altstadt errichtet hatte. Schon nach kurzer Zeit durfte ich ihn mit Mutti besuchen. Die Einrichtung war überwältigend. Auf einem dicken weißen Teppich, der aus dem Fell echter Schafe geknüpft war, ich wälzte mich sofort in diesem Flausch, stand ein riesiger gelber Sessel mit großen Ohren. Davor auf drei schräg wegstehenden glänzend lackierten Holzbeinen ein Tisch mit einer schwarzen Glasplatte, nicht viereckig, sondern eigenartig geschwungen. Das Licht kam aus drei farbigen Papiertüten einer Stehlampe, die sich wie ein Blumenstrauß verzweigte. Daneben stand eine zur Decke ragende Pflanze, an deren Stiel in regelmäßigen Abständen ringsherum fleischige dunkelgrüne, wie mit Wachs polierte, große Blätter ragten.

Viel später, als das Gewächs bei uns im Wohnzimmer stand, entdeckte ich, dass man in die Blätter mit dem Fingernagel sehr schön angeordnete Einkerbungen drücken konnte. Da quoll weiße Milch heraus und nach einiger Zeit wurde aus dem Grün ein leuchtendes Gelb, bevor sie dann leider abfielen. Muttis Stimme überschlug sich.

Die Gardine war nicht wie bei uns aus weißem Tüll, sondern sah wie ein großmaschiges rotes Fischernetz aus. Es wurde umrahmt von schwarzem Stoff, auf dem ein Gewirr von Rechtecken und Kreisen, mal einzeln, mal sich überschneidend, mal ausgefüllt, mal leer in leuchtendem Rot, Grün, Gelb, Blau und Weiß zu sehen war. An der Wand stand der Musikschrank und auf ihm eine blau-gelb bemalte Keramik-Vase, in der eine rosa Nelke ragte, aber nicht wie normal nach oben, sondern schräg nach links, denn der Vasenhals war völlig schief angesetzt. Verrückt!

In unserer Wohnung waren die Einrichtungsgegenstände schlichter. Der ‚Plunder' war teilweise vom Großvater meines Vaters, Pedell an der Heidelberger Universität und gelernter

Schreiner, angefertigt und nach der Scheidung meiner Mutter überlassen worden. Im Wohnzimmer halbhohe Bücherregale zwischen den Fenstern, Schränkchen an der angrenzenden Wand, niedriger Kacheltisch mit zwei Cocktailsesseln vor einem mit Tagesdecke und vielen Kissen belegten Bett. Ein von Muttis Brüdern spendierter runder Esstisch mit vier Hockern in stumpfem Schwarz diente in der Zimmerecke vor dem rechten Fenster als Spiel-, Lese- und Schreibtisch. An ihm verbrachte ich, eingeschlossen, unzählige Male Hausarrest und reckte meinen Hals nach meinen Freunden, die draußen, wegen meiner Abwesenheit ungehalten, lautstark, mit besonderer Betonung auf dem O, ‚Marion – Kaffeebohn' wiederholten. Aber da war nichts zu machen. Weinen half auch nichts. Omi blieb unerbittlich. Und wenn sich vor den Fenstern dann der Unmut auch noch gegen sie richtete: „Omilein, Stachelschwein, könnt'st schon längst verheirat' sein!", erboste sie sich nur noch mehr über die ungezogenen Bengel, die kein Umgang für mich seien.

Warum musste ich auch immer so frech sein? Ich zog doch den Kürzeren. Es bereitete mir aber himmlisches Vergnügen, Omi zu ärgern.

Stand sie in der Küche mit den Händen Teig knetend, Geschirr spülend oder Wäsche aufhängend, war das die beste Gelegenheit, an ihren auf dem Rücken zur Schleife gebundenen Schürzenbändern zu ziehen und sich dann an ihrer Hilflosigkeit zu erfreuen. Sie zuckte auch so herrlich zusammen, wenn ich sie im Flur, hinter dem dort abgestellten Mahagonischrank überraschend hervorhüpfend, mit einem kräftig ausgestoßenen „Hhhhu“ erschreckte.

Wenn sie „na, warte!“ nach dem Rohrstock auf dem Küchenschrank griff und mit ihm drohend wippend auf mich zukam, ließ ich sie mehrere Runden um den Küchentisch rennen. Ich hielt immer sicheren Abstand, auch ein Richtungswechsel täuschte mich nicht. Eine willkommene Bewegung, die auch ihr Spaß zu machen schien. Versuchte sie nicht, ihr Lachen zu verbergen?

Zumeist war es ihr jedoch sehr ernst mit ihren Maßregelungen und sie fanden fast immer am frühen Nachmittag in der Küche statt. Gleich nach dem Mittagessen, nachdem der Tisch abgeräumt und das auf ihm liegende Wachstuch feucht abgewischt worden war, hatte ich meine Schulsachen auf der klebenden Unterlage auszubreiten und meine Großmutter über die zu machenden Hausaufgaben zu informieren. Zunächst schrieb ich mit einem unhandlichen Griffel kratzend auf eine Schiefertafel. Für Omi, die währenddessen das Geschirr abwusch, war es einfach, mit dem Spüllappen alles wieder wegzuwischen, worum ich mich bemüht hatte: „Das ist ja unmöglich! So ein Gekritzel! Noch einmal!“ Aber ihre Unnachgiebigkeit zwang mich zu mehr Anstrengung; nur, wenn ich alles zu ihrer vollsten Zufriedenheit erledigt hatte, durfte ich zum Spielen nach draußen. Das konnte ich kaum erwarten und krabbelte dann sehr oft aus dem Fenster des Schlafzimmers in den Hof, den weiten Weg über den Hausflur und durch die Hinterhoftür abkürzend.

Diese Zeit am Küchentisch beraubte mich mit zunehmendem Alter immer mehr meiner Freiheit.

Ab dem 2. Schuljahr durften wir mit einem Bleistift in Hefte schreiben. Jeden Tag hatten wir mindestens eine Schulstunde Schönschreiben bei einem uralten Fräulein, deren rosa Unterrock lang hervor kankerte, wenn sie, am Pult sitzend, unsere Bemühungen beaufsichtigte. Anfangs eine Reihe, dann eine halbe, schließlich eine ganze Seite Buchstaben und Wörter. Zuhause brach der Stift oft ab. „Drück doch nicht so fest drauf!", schimpfte Omi, während sie mit einem scharfen Küchenmesser den abgebrochenen Stift wieder schreibtüchtig machte. Nun wurde wegradiert, was ihr nicht gefiel. „Nochmal!"

Und dann das Theater mit der Tinte. Im Griffelkasten gesellte sich jetzt zum Griffel, Bleistift und Radiergummi ein Federhalter und verschiedene Federn. In der Schule war für Tinte gesorgt. In jedem Schultisch war am oberen Rand ein Schieber, unter dem in einer Vertiefung eigentlich ein kleines offenes Glasfass mit dunkelblauer Flüssigkeit zu finden sein sollte. Tauchte man da seine Feder erwartungsvoll hinein, war das Tintenfass entweder leer oder man stocherte in einem dicken Brei aus vermoderten, tintengetränkten Papierklumpen herum, eine Überraschung der Buben, die ab dem 3. Schuljahr gemeinsam mit uns Mädchen unterrichtet wurden und uns immer zu erfreuen wussten. Die Schmiere verstopfte trotz Abstreifens auf dem Löschblatt den Schreibfluss der Feder. Wie sollte man da sauber schreiben können?

Daheim war klar, so ein Geschmiere geht nicht. „Nochmal!" Das Federhalterende war bald angekaut, die mit Tinte verschmierte Druckstelle am Mittelfinger begann sich zu verknorpeln. Omi war unnachgiebig. Und wenn herabfallende Tränen das Geschriebene verschwimmen ließen, riss sie das durch die Nässe sich wellende, unbrauchbare Papier heraus und unter Bekräftigung mit einem Schlag ins Genick und einem „Nochmal!" mit erhobener Stimme wurde ich zu Perfektion angehalten. So brachte ich es schließlich zu sehr guten Leistungen in der Schule!

Anders als Bernhard, der ohne die Kenntnis und das Interesse seiner Mutter ungestraft den Satz: „Am Himel schwizen schwartze Regenwörmer." in sein Schulheft schreiben durfte. Dem drohte ein Wechsel in die Hilfsschule.

Für mich war das Gymnasium geplant. „Gar keine Frage!" Unterstützt wurde dieses Vorhaben durch bildenden Umgang mit Büchern.

Omi ging einmal in der Woche gegen Abend in die Stadtbücherei in die Plöck. Ich durfte sie begleiten. Gleich hinter der Samenhandlung Wagner befand sich der Eingang. Einige Stufen hinauf, dann links. Auf einer dunkelbraunen Holzbank an der Wand hingesetzt, wartete ich, bis Omi fertig war. Nachdem sie ausgelesene Bücher an einem Schalter abgegeben hatte, trat sie mit einem Ausweis und einem Zettel in der Hand, auf dem Buchtitel und Verfasser der von ihr gewünschten neuen Lektüre notiert waren, an eine hohe Theke, hinter der mehrere Damen und manchmal auch ein Herr die Kundschaft bedienten. Gepflegte Hände blätterten suchend in unzähligen Karteikarten in langen, schmalen Holzkästen, zogen schließlich eine Karte heraus, suchten an anderer Stelle weiter. Danach verschwanden die Bibliothekarinnen und kehrten nach einiger Zeit mit den zu den Karten dazugehörigen Büchern zurück. Die jeweils am Ende eines Buches in eine dreieckige Lasche geklemmte Karte wurde herausgeholt und ebenso, wie die aus dem Kasten, mit einem großen metallenen Gerät unter laut schnalzendem Geräusch beim Herunterdrücken gestempelt. Nach handschriftlichen Eintragungen auf beiden Karten wurden meiner Großmutter die Bücher nun für mindestens eine Woche überlassen.

Manchmal, wenn ich nicht einschlafen konnte, sah ich sie im Schein der eingeschalteten Wandlampe über ihrem Bett in ein Buch vertieft, das sie dann seufzend mit einem „Ach, ja!" auf ein Tischchen neben ihrem Bett ablegte, bevor sie das Licht ausknipste. Sie liebte besonders Dostojewski.

Schon bevor ich lesen und schreiben konnte, waren die Bücher in unserem Wohnzimmer sehr wichtig für mich. Ich räumte sie aus und wieder ein, sortierte sie nach Größe,

Farbe, Gewicht und kannte jedes Bild in ihnen. Als ich beim regelmäßigen, nach Brauchbarem suchenden Herumwühlen in den Mülleimern gegenüber unseres Küchenfensters ausrangierte Karteikarten ergatterte, konnte ich das Registrieren und Ausleihen von Büchern noch besser praktizieren. Und ein kräftiger Schlag mit der Faust war der Stempel.

War das Omi vielleicht zu laut? Zum nächsten Geburtstag bekam ich jedenfalls ein Postspiel. Von da an hatte ich einen richtigen Stempel.

Sobald ich die ersten Sätze selbstständig lesen konnte, meldete mich Omi in der Stadtbibliothek, einen Stock höher, in der Kinder- und Jugendbuchabteilung an. Schon sehr bald durfte ich mir dort ohne fremde Hilfe Bücher aussuchen und mitnehmen. Da stand ich dann mit einem großen Stapel vor der Angestellten. Mehr als drei Bücher die Woche waren jedoch leider nicht erlaubt. Sie half mir bei der Qual der Wahl.

Meine Großmutter inspizierte zumeist wohlwollend das Mitgebrachte. Doch bei Enid Blyton rümpfte sie die Nase: ‚Schlechte Literatur'. Wieso denn das? Alle meine Freunde waren sogar im Besitz dieser aufregenden 4-Freunde-Abenteuerbücher, bei denen man gar nicht aufhören konnte zu lesen.

Mein erstes eigenes Buch war ein nicht altersgemäßes Geschenk meiner Patengroßtante, Studienrätin Frau Dr. Käthe: ‚*Die Abenteuer der Biene Maya*'. In Unkenntnis meiner Lesefähigkeiten, denn die unverheiratete, kinderlose Schwester meines Großvaters väterlicherseits hatte seit der Trennung meiner Eltern nur noch auf Veranlassung meines Vaters Kontakt zu mir, bekam ich dieses Buch viel zu früh. Das Bild auf dem Einband war ja ganz nett, aber sonst? Omi las manchmal kurz daraus vor, irgendwie stinklangweilig.

(Der Koffer meiner Urgroßmutter, der Mutter von Käthe und ihrer Schwester Anne, mit alten, ausrangierten, bodenlangen Kleidern aus Taft und Samt, sowie ihre Puppenküche bereiteten mir da größeres Vergnügen.)

Das zweite Buchgeschenk war ein Volltreffer: ‚*Hilde, die*

Wilde'. Sie tobte, dachte, fühlte wie ich. Den Text konnte ich bald auswendig, er war in großen Buchstaben gedruckt und einfach zu lesen. Lange Zeit war es mein Lieblingsbuch.

Bernhard, der nicht so gut lesen konnte wie ich, aber zu meinem Vorteil die Bücher: ‚*Tausend und eine Nacht*' und ‚*Robinson Crusoe*' besaß, bevorzugte kleine bebilderte Heftchen, die es wöchentlich am Kiosk zu kaufen gab. Dieser mir streng verbotene handliche Schund gefiel mir auch sehr gut: ‚*Akim*', ‚*Prinz Eisenherz*', ‚*Sigurd*'. Ich las ihn zwischen Tür und Angel. Er beflügelte geradezu meine Phantasien beim ‚Indianerles'- und ‚Ritterles'-Spiel mit meinen Kameraden.

Wir gingen mit dem stets freiwilligen Feind nicht zimperlich um. Wir waren die Helden. Wir spielten Verfolgung, Gefangennahme, Fesseln, Knebeln, Einsperren, Draufhauen, Foltern und Quälen, zuweilen auch über die Schmerzgrenze hinaus. Die Erwachsenen hielten sich raus.

Nur einmal bekam ich völlig überraschend von Herrn Sammetz vor meiner Wohnungstür eine schallende Ohrfeige. Er machte mich für das längere Gefangenhalten seines kleinen Sohnes hinter dem an die Hofwand zurückgeklappten Einfahrtsgitter verantwortlich. Der wollte das doch so, oder etwa nicht? – Vielleicht nicht so lange.

Mein Onkel Wolfi ließ diese Schmach nicht auf unserer Familie sitzen. Er stellte den Vater zur Rede. Es kam zu einer körperlichen Auseinandersetzung zwischen den beiden Männern, die mein Onkel mit einem gekonnten Griff, er war nämlich Trainer und Schwarzgürtelträger im Judoverein, beendete. Der Angreifer landete unsanft auf dem harten Steinboden. Er solle froh sein, dass er sich nicht die Knochen gebrochen habe. „Finger weg von meiner Nichte!!!"

Von da an hatte ich von diesem Primitivling nichts mehr zu befürchten.

Ich war mir sehr sicher. Ich fühlte mich stark und beschützt. Aber einmal überschätzte ich auch meine Kraft. Dafür wurde ich mit dem Verlust eines wunderbar weichen, schneeweißen Muffes und Schales aus echtem Kaninchenfell, ein Geschenk meines Onkel Rüdigers, bestraft.

In der großen Pause in der Schule, auf der Treppe zum Keller, wo einem der Gestank der abgestandenen Milch- und Kakaoreste aus den gebrauchten Flaschen der Schulspeisung entgegenströmte, besaß einer meiner Mitschüler die Frechheit, mich so anzuschupsen, dass ich die Stufen herunterfiel. Wutschnaubend kündigte ich ihm Rache an. Nach der Schule wartete er schon grinsend auf mich. Er kam mir gerade recht. Dem werde ich es zeigen. Vorher legte ich die mich in meiner Bewegungsfreiheit hindernden Kleidungsstücke auf einer Mauer ab. Ich baute mich vor ihm auf. Er sah von oben auf mich herab: „Was willst du?“ „Glaubst du, ich lass mir das gefallen, du blöder Kerl?“, schrie ich ihn drohend an und stumpte ihn mit voller Kraft, sodass er auf dem Po landete. Das konnte er nun wiederum nicht auf sich sitzen lassen. Er griff mich an. Trotz all meiner Gegenwehr, ich kratzte, biss, schlug und trat ihn, mein Atem ging schnell, mein Herz raste, verlor ich den Kampf. Er war stärker als ich. Meine Nase blutete. Ich zog es vor, mich eilig zurückzuziehen. Erst zu Hause erinnerte ich mich an die zurückgelassenen Accessoires, die meine Großmutter, nachdem sie mich mit einem nassen Lappen im Gesicht auf ihr Bett verfrachtet hatte, sofort zurückholen wollte. Aber sie waren mir gestohlen worden. War mein Kontrahent der Dieb? Er kam aus sehr einfachen Verhältnissen. Omi forschte nach. Ohne Ergebnis. Muff und Schal waren für immer verloren. Schade.

Mutti hätte auch gerne Bücher gelesen, aber sie hatte so wenig Freizeit und war mit den Nerven so fertig. Immer musste sie Überstunden machen, unbezahlt, dafür gab es Dinnerpartys, bei denen die Anwesenheit Pflicht war! Und dann diese Intrigen, dieses freundliche Getue der‚Amis', man wusste nie, was die wirklich denken! Und dieser Hungerlohn! Und diese langweiligen, wenig anspruchsvollen Umgangssprachen-Übersetzungen! Sie hielte das nicht mehr aus! „Nimm dich zusammen! Wovon sollen wir denn leben? Wir können froh sein, dass du überhaupt Arbeit hast!", rückte das Oberhaupt der Familie sie wieder zurecht. Sie sollte im nächsten Urlaub einmal verreisen, da käme sie auf andere Gedanken. Diese Idee wurde aufgenommen und wir blätterten in Touropa-Katalogen aus dem Reisebüro am Bismarckplatz, in demselben Haus, aus dem täglich die Straßenbahnschaffner in ihrer dunkelblauen Uniform heraustraten, um ihren Dienst zu beginnen. Nun hieß es sparen, es sollte mit der Deutschen Bundesbahn an den Schliersee gehen.

Ich bin niemals auf den Gedanken gekommen, mitfahren zu wollen.

Mir gefiel es zu Hause sehr gut.

Gebirgige Landschaft, Menschen in Trachten, Blasmusik, Kühe auf der Weide mit großen Glocken um den Hals, kannte ich aus den Heimatfilmen im Capitol. Das Kino war wieder in deutscher Hand. Die Amerikaner hatten sich zurückgezogen, der deutsche Hausmeister war geblieben. Donald Duck, Cola, Popcorn, Pennys und parkende Jeeps gab es allerdings nicht mehr. Aber alle zweieinhalb Stunden, bis spät in die Nacht, öffneten sich die drei Ausgangstüren des Kinos, und besonders an den Wochenenden wälzte sich immer wieder ein Strom von Menschen durch unseren Hof, durch die Einfahrt auf die Bergheimer Straße. Kinobesucher. Männer und Frauen, aber Kinder höchstens sonntags und schon gar keine halbnackten Babys, wie sie von den amerikanischen Vätern immer mitgenommen worden waren.

Wir trugen zur Säuberung des Hofes bei und sammelten die weggeworfenen leeren Zigarettenschachteln: Zuban, Eckstein, Overstolz, Salem, Rothändle. All die Tabakmarken, von denen ich meinen Onkeln manchmal am Kiosk drei einzelne Zigaretten kaufen musste. Zwei nicht verknickte Schachteln jeder Sorte reichten, um aus den ausgeschnittenen Vorder- und Rückblättern ein vollständiges Quartett herzustellen. Bernhard und ich tauschten auch gelegentlich die Karten aus, um unseren Bestand aufzufrischen oder zu erweitern. Ich hatte zwar ein Schwarzer-Peter-Spiel, aber die Schande bringende Karte war durch Knicken einer Ecke gekennzeichnet und nicht mehr so leicht loszubekommen, das war ausgesprochen blöd.

Onkel Rüdiger unterstützte meine Spielleidenschaft mit einem Satz richtiger Spielkarten. Auf dem ledernen Etui stand: Rommé, Canasta, Bridge. Bridge konnte niemand in meiner Umgebung, Rommé brachte mir Bernhard bei, Mutti erbarmte sich manchmal und spielte mit mir an langweiligen Abenden Sechsundsechzig, die gepflegte Karten-Aneinanderreihung beim Canasta beobachtete ich bei den Eltern meines Vaters. Dort spielten die Erwachsenen regelmäßig Karten oder Roulette, während ich mit ihrem Spielgeld, in einer großen Blechdose aufbewahrten Knöpfen in allen Farben und Größen, auf dem Wohnzimmerboden Rosetten legte.

Aber die Besuche dort wurden immer seltener. Mutti wollte den Kontakt nicht. Für meinen Vater war sie überhaupt nicht mehr zu sprechen. Omi verhandelte mit ihm. Charmant, diese dunklen Augen. Er bat um Verständnis. Er bedauerte. Er habe nichts. „Dieser arme Hund!“ Seine Arbeitsstelle bei ihrem Sohn mit dessen fragwürdiger Zahlungsmoral war auf Dauer wohl auch nicht sehr gewinnbringend und so sah ich ihn kaum noch.

Ich vermisste ihn nicht.

Manchmal hörte ich Neues.

Sein Vater, der Schaufensterpuppenvertreter, sei auf einer Geschäftsreise mit dem Auto tödlich verunglückt. Sein Bruder Werner, auch so ein Hallodri, habe sich in die Fremdenlegion abgesetzt.

Nach einem Jahr Pause lernte ich Papis neue Frau kennen. Er war umgezogen und lebte nun in einem Hinterhaus in der Schröderstraße in Neuenheim. Er hatte mich eingeladen. Omi meinte, trotz allem hätte mein Vater das Recht, mich zu sehen. Ich kam mit der Straßenbahn. Von der Haltestelle aus war es nicht mehr weit. Das Haus war schnell gefunden. Auf der linken Seite, bis die Krone eines großen Kastanienbaumes in die Straße ragte, hatte er gesagt. Ich trat durch die Einfahrt im Vorderhaus in einen kleinen Garten und sah schon die lange Holzstiege, die an der Außenwand des angrenzenden Hauses bis zur Wohnungstür führte, fast unter das Dach.

Sie öffnete. Helga hieß sie und hatte wie meine Mutter graublaue Augen. Sie war sehr schlank und hatte dieselben schmalen Hände wie meine Mutter. Sie trug lange Hosen, das kannte ich von Mutti nicht. Sie hinkte ein bisschen. Erst Jahre später, als mein Vater auch sie mit Kind sitzen ließ, auch da nicht bezahlte und dann deswegen im Gefängnis landete, erfuhr ich, dass sie ein Holzbein hatte. Ihre Stimme klang bescheiden. Sie blieb im Hintergrund, nachdem sie einen Teller mit Keksen vor mich hingestellt hatte und überließ mich meinem Vater.

Mein Vater
Ich durfte ihn nicht stören.

Der aber hatte zu arbeiten, in seinem Atelier, einer umfunktionierten Garage im Hof. Er hatte sich selbstständig gemacht. Er war nun Werbefachmann, entwarf und gestaltete Werbetafeln, Firmennamen, Verkaufsstände. Es roch nach Farbe und Terpentin und ich sah ihm zu, wie er, in der linken Hand eine brennende Zigarette haltend, zwischen Bergen von Holzplatten, Latten, Farbeimern und unzähligen Gläsern, in denen dicke und dünne Pinsel ihre Köpfe nach oben streckten, Leinwände bemalte und beschriftete, exakt, fehlerfrei. Ich durfte ihn nicht stören. Er war ein großer Künstler.

Auch mit meinen Onkeln schien es aufwärts zu gehen. Nun parkte oft ein weißer VW-Bus mit der Aufschrift ‚Gebr. Budnowski, Modellbau' vor unserer Haustür, dann musste ich zur Feier des Tages zwei Flaschen Dinkelacker Pils für Onkel Wolfi und eine Flasche Libella für Onkel Rüdiger, der immer so einen Brand hatte, besorgen. Wenn sie ihr Treffen in unserer Küche beendet hatten, stürzte ich mich auf die Flasche mit der Zitronenlimonade, die er ganz alleine, ohne mir ein Gläschen davon abzugeben, ausgetrunken hatte. Manchmal war noch, ich stülpte die Flasche über meine Lippen, ein Tropfen von ihr übrig. Köstlich!

Die Vorliebe meines Onkel Rüdigers für ausgefallene Getränke verschaffte Omi einen nagelneuen Küchenmixer von Braun. In den großen Trichter schüttete er zur Einweihung Erdbeeren, etwas Milch und Zucker, schloss ihn mit einem Gummideckel, das sei sehr wichtig, sonst spritze die Chose an die Decke, und schaltete das Gerät ein. Alles wirbelte laut surrend durcheinander, die Früchte waren innerhalb von Sekunden verschwunden und die Milch rosa. Eine Flasche Sekt wurde geöffnet, der Korken flog laut knallend schräg durch die Küche. Wo war er geblieben, nachdem er von der Wand abgeprallt war? Während ich suchte, holte Omi die Sektschalen aus dem Küchenschrank, mein Onkel verteilte das Gemixte in die abgezählten Gläser, für Püppi auch eins, und verdünnte mit Sekt zu einer aufschäumenden Erfrischung. Es schmeckte himmlisch.

Die Zubereitung wurde noch einmal wiederholt, damit auch Mutti in den Genuss kam, aber ohne Onkel Rüdiger konnten wir uns diesen Luxus sonst nicht leisten.

Besonders meine Mutter litt unter den Einschränkungen. In ihrer Kindheit hatte es ihr an nichts gefehlt, jeder Wunsch war ihr erfüllt worden. Wirtschaftliche Not war ihr immer fremd gewesen. Bedienstete hatten dafür gesorgt, dass sie nie einen Finger hatte rühren müssen. Und nun saßen wir in diesem Loch, trotz täglicher harter Arbeit besaßen wir nur das Nötigste, drehten jeden Pfennig um, konnten uns nichts leisten. Welcher Abstieg!

Omi kämpfte darum, dass es uns besser ging. Sie verwandelte unsere Armut in ein königliches Dasein, denn sie verstand es, aus dem Wenigen, was wir hatten, etwas Besonderes zu schaffen.

Wenigstens sollten wir anständig aussehen. Sie konnte nähen. Zuerst verarbeitete sie alte, ausgemusterte Kleidungsstücke. Ihr Fingerhut aus echtem Silber mit eingravierten Blüten, ein Geschenk ihrer Mutter, blitzte dabei auf. Sie trennte auf, wendete den Stoff, schnitt neu zu, steckte, reihte, setzte an, steppte zusammen, versäuberte, säumte; und damit nicht genug, es sollte immer etwas Außergewöhnliches werden, und so wurde noch bestickt, gerafft, gerüscht, gepaspelt, mit Zackenlitze oder Spitzenborte verziert, Bänder geflochten und mit meiner Hilfe Kordeln gedreht. Wenn sie das von Mutti verdiente Geld und die paar Groschen ihrer Hinterbliebenenrente richtig einteilte, konnte ab und zu ein neues Stöffchen eingekauft werden, für einen Rock für Mutti, ein Kleidchen für mich, selten für sich selbst. Sie war genügsam.

Es gab mehrere Anlaufstellen, um das entsprechende Material zu erwerben. Am teuersten waren die Stoffe bei Lackoff, ganz weit hinten in der Hauptstraße, zwischen Akademiestraße und Märzgasse. Demzufolge betraten wir diesen Laden nur sehr selten. Auch im Textilkaufhaus Kraus gab es Stoffe und zudem noch viele, viele schwere Alben, in denen man sich anhand von gezeichneten, mit Nummern versehenen Abbildungen von Frauen, Männern und Kindern in Alltags- oder Festtagsbekleidung (von der Schürze bis zum Abendkleid), in Bade-Mode, Unter- und Nachtwäsche, ja, selbst im Fastnachtskostüm Schnittmuster heraussuchen konnte. Omi ließ sich dann viel Zeit. „Schau mal, wie soll es sein? So? Oder So? Oder doch lieber so?“ Ich konnte mich nicht entscheiden. Auch die Wahl des Stoffes fiel schwer. Stoffpröbchen wurden mit nach Hause genommen, um dort in Ruhe und mit Muttis Hilfe zu erwägen und die bestmöglichste Entscheidung zu treffen.

Am liebsten ging ich mit Omi zu Veith in der Sofienstraße.

Stoffe und Kurzwaren in mehreren ricsigen Räumen. In den Regalen an den Wänden stapelten sich, ordentlich übereinandergesetzt, die Stoffballen. Sie waren sortiert nach Material, Webart, Farben und Verwendungszweck. Wollte man sich einen Stoff näher betrachten, wurde der entsprechende Stoffballen von einer der vielen dort angestellten Damen aus dem Regal gezogen und auf einem langen Holztisch zwei Umdrehungen entrollt. War der Stoff angenehm? Man fühlte. Knittert er auch nicht? Die Verkäuferin knautschte demonstrierend ein Stück zusammen. Bestimmt nicht. Macht die Farbe nicht zu blass? Man wurde vor einen Spiegel gebeten und ein Stück des Stoffes vor dem Körper drapiert. Sie begleitete uns mit dem Stoffballen unter dem Arm sogar ins Freie, um von der günstigen Wirkung auch bei Tageslicht zu überzeugen. Hatte man sich zum Kauf entschieden, maß sie mit einem hölzernen Maßstock die entsprechende Menge unter zusätzlichem Abrollen und Anlegen des Stoffes ab, markierte mit einem kurzen Schnitt an der Webkante dic geforderte Länge und riss dann mit einem kräftigen Ruck mit beiden Händen an der Schnittstelle den Stoff auseinander. Nicht alle Stoffsorten konnten aber so behandelt werden, bei manchen musste sie mit der Schere vorsichtig am Fadenlauf entlang schneiden, damit der Schnitt nicht schief wurde. Woher wussten die Verkäuferinnen, ob sie reißen oder schneiden mussten? Auf jeden Fall suchte keine von ihnen, so wie Omi, nach ihrer Schere, denn sie hing griffbereit an einem Band, das an einem Gürtel um ihre Taille befestigt war.

Das abgeschnittene Stück Stoff wurde zusammengefaltet und man begab sich in den vorderen Raum, um das dazu passende Garn in Baumwolle oder Seide auszuwählen. Man vertraute der Fachkraft, die mit sicherer Hand aus einem der zwei großen Kästen an der Wand, in dem sich die Garnrollen nach Farben sortiert präsentierten, nach dem richtigen Faden langte. Auch über den benötigten Reißverschluss ließ man sie entscheiden.

Längeren Vergleichens bedurfte es bei der Knopfauswahl. Das Geschäft war sehr gut sortiert. Eine ganze Wand, vom

Boden bis zur Decke angefüllt mit flachen, weißen Schachteln. Ihr Inhalt verriet sich jeweils durch ein außen an der Schachtel befestigtes Knopf-Exemplar. Wie war es mit dem goldenen Knopf im äußersten rechten Regal in der vierten Schachtel von oben? Oder doch lieber der kleine silberne, drei Schachteln tiefer? Oder meinen Sie, Perlmutt passt besser? Vielleicht wäre aber auch ein neutrales Schwarz gut. Zeigen Sie mir doch bitte mal den da. Omi ließ sich Zeit, mir gefiel es.

Manche Kleidungsstücke erforderten jedoch einen mit Stoff bezogenen Knopf.

Bei Boos in der Plöck, ein paar Schritte hinter der Neugasse, gleich neben dem Pelzgeschäft Greulich, gab man ein Stück Stoff ab, bestimmte die Größe und Dicke, denn die Knöpfe mussten durch die Knopflöcher passen, um die sich diese Firma, wenn man wollte, auch kümmerte, nannte die gewünschte Anzahl und konnte die bestellte Ware eine Woche später abholen. Hier ließ Omi auch einmal eine kostspielige Kunststopfung an einer Krawatte ihres ältesten Sohnes vornehmen. Auf seine Kosten. Er hatte unachtsam geraucht. Ansonsten stopfte Omi selbst, das war billiger.

In einem kleinen Korb neben der Nähmaschine lag das Stopfei aus braunem Holz und darunter Stopfwolle, hauptsächlich in verschiedenen Brauntönen, auf Pappedeckelstreifen gewickelt. Irgendwo steckte da auch eine Stopfnadel. Sie war weniger spitz als die Nähnadeln. Omi stopfte für die ganze Familie. Sie stopfte die Socken von Onkel Wolfi, die unterhalb der Ellenbogen abgeschabten Stellen ihrer eigenen Strickjacke, ein kleines Mottenloch an Muttis Winterpullover, aber am häufigsten die Löcher in meinen Strümpfen, die in Höhe der Knie auftraten. Diese unangenehm kratzenden, mittelbraunen, langen, wollenen Strümpfe, die an den Strumpfhaltern eines über dem Unterhemd getragenen einengenden Leibchens festgemacht waren, und sofort, sobald die ersten wärmenden Märzsonnenstrahlen auftauchten, wenigstens am Nachmittag durch Kniestrümpfe oder Söckchen ersetzt werden durften.

Meine Großmutter war sehr erzürnt, wenn ich mit zerfetzten Strümpfen und blutendem Knie darunter nach Hause kam. „Kannst du nicht aufpassen?“, rief sie und bestrafte mein unachtsames Verhalten nicht selten mit einer Ohrfeige. Aber auf dem rutschigen Splittboden unseres Hofes war ein Hinfallen, wenn man Verfolgern durch hasenartiges Hakenschlagen zu entkommen versuchte, kaum zu vermeiden. Ich musste mich auf den Küchentisch setzen, die am Blut klebenden Teile wurden vorsichtig über der Wunde heruntergekrempelt. Dummerweise traten die Verletzungen zumeist dann auf, wenn alte gerade im Begriff waren – man sah es an der kräftigen dunklen Borke, die sich gebildet hatte – abzuheilen. So waren aufgeschürfte Knie bis zur Erringung großer Geschicklichkeit und ausgeprägtem Gleichgewichtsinn Dauerzustand. Das Aufjaulen beim Auftreten des Schmerzes, wenn Omilein mit dem Pinsel aus dem Jodfläschchen die Verletzung bestrich, hatte ich mir schnell abgewöhnt, denn es wurde stets mit einer erneuten Ohrfeige beantwortet. „Hör auf mit dem Theater!“ Und wenn ich mich nicht zusammennahm, gab es am Ende noch Hausarrest.

So lernte ich mit der Zeit, tapfer und hart mir selbst gegenüber zu sein. Selbst der Bruch meines Mittelfingers beim Sturz auf der steinernen Treppe im Hausflur an einem Morgen wurde von meiner Großmutter zunächst nicht bemerkt. Beim Mittagessen saß ich ihr noch mit einem gespielt gelassenen Gesichtsausdruck gegenüber, als sei nichts gewesen. Erst beim Abendbrot, bei dem wir auch das belegte Brot mit Hilfe von Messer und Gabel zu verzehren pflegten, entdeckte sie das Malheur. Ich hatte versucht, die inzwischen dick angeschwollene Hand auf dem Rücken zu verbergen und einhändig zu essen. Mit zusammengebissenen Zähnen hatte ich den Schmerz einen ganzen Tag lang ausgehalten und mir immer wieder eingeredet: „Hab dich nicht so, das ist nicht so schlimm!“

Alle bewunderten meine Tapferkeit, in diesem Fall war Omi milder gestimmt und suchte am nächsten Tag mit ihrer Enkelin das Krankenhaus auf. Es wurde geröntgt, gerichtet, geschient, verbunden und nach vier Wochen war alles gut verheilt. Ein Ausfall in der Schule kam zwar nicht in Frage, denn es hatte leider nicht meine Schreibhand erwischt, aber dafür genoss ich Beachtung und Mitleid meiner Mitschüler. „Was hast du denn gemacht?“ „Tut es sehr weh?“ „Ach, du Arme!“ Da konnte ich zeigen, dass ich nicht wehleidig war und erklärte lässig: „Nicht so schlimm, Finger gebrochen.“

Nicht nur Schmerzen zu ertragen lernte ich, sondern auch Angst und Schrecken zu bewältigen. Omi sorgte dafür.

Herrliche Schauer des Gruselns durchzogen meinen Körper, wenn sich kurz vor dem Schlafengehen, während ich schon im Nachthemd mit Mutti friedlich im Wohnzimmer kuschelte, unser Blick auf die Durchgangstür richtete, hinter der ein ungewöhnliches Poltern zu hören war. Dann bewegte sich die Türklinke. Jetzt wusste ich, gleich kommt es. Ich war schon nicht mehr so gelassen. Die Tür öffnete sich einen winzigen Spalt. Ich hielt den Atem an. Im Raum dahinter war es stockdunkel. Dann schob sich langsam eine am Türrahmen tastende weiße Hand vorwärts. Eine zweite tauchte auf. Dunkles, fürchterlich grunzendes Stöhnen drang bis zu uns. Was ist das? Gespannt starrte ich zur Tür. Und dann, ich war zuerst wie gelähmt, stürzte es plötzlich mit lautem Gestampfe ins Zimmer, eine über und über mit weißen Tüchern bedeckte Gestalt. Die Arme weit vorausgestreckt, ohne Gesicht, auch der Kopf verhüllt. Meine Muskeln spannten sich an. Das Ungeheuer kam auf uns zu. „Ein Gespenst!!!“ Ich sprang auf. Nichts wie raus, auf den Gang, das schnaufende Ungetüm mir hinterher. Ich schrie gellend wie am Spieß. Schnell ins Klo, zitternd Riegel vor, mit nackten Füßen auf dem kalten Steinboden, Gott sei Dank, gerettet! Rütteln an der Tür, das Schloss hielt. Dann Stille. Warten. Muttis „Du kannst rauskommen, es ist weg“ ließ mich erleichtert aufatmen. Der Spuk war vorbei.

Es dauerte einige Zeit, bis ich merkte, dass Omi dahinter steckte. Ich sah es an ihren Schuhen, als einmal ein Betttuch zu kurz war. Von da an musste dieses Spiel wiederholt werden. Und jedes Mal die gleichen Schauer! Herrlich!

Für ein regelmäßiges Angstüberwindungstraining wurde in der Winterzeit gesorgt. Sobald es draußen dunkel war, ging das Brennmaterial aus und es war wie das Mülleimer-Herausbringen stets meine Aufgabe, für Nachschub zu sorgen. Mit dem Kellerschlüssel, einem leeren Eimer, einem Kerzenhalter mit Kerze und Streichhölzern bewaffnet, machte ich mich auf den Weg. In diesem Haus war leider nicht überall elektrisches Licht vorhanden. Nach dem Öffnen der Kellertür zündete ich die Kerze an und stieg im schwachen, flackernden Licht vorsichtig die lange, steile Kellertreppe herunter. Vor mir totale Dunkelheit. Nur keine Angst, wovor auch? Festen Schrittes ging ich, laut singend, den langen Gang entlang. Stand da nicht einer? Ach Unsinn! Raschelte es da nicht? Nur nicht stehen bleiben. Rechts und links vergitterte dunkle Höhlen. War da jemand? Nein, ich hatte mich getäuscht. Endlich, unsere Kellertür! Kerze abstellen, Hantieren am Umhängeschloss. Offen. Kerze hochnehmen, schnell hinein. Beim Einschaufeln der Eierkohlen und Briketts bloß nicht mit dem Rücken zur Tür. Hoffentlich geht die Kerze nicht aus! Der Rückweg war durch die schwere Last langwieriger. Es war nur mein schwarzer Schatten, der mich schräg hinter mir verfolgte. Ich habe keine Angst, „lalalalala!"

Trotzdem, ich war immer heilfroh, wenn ich wohlbehalten vor der Wohnungstür stand.

Manchmal begleitete mich Bernhard in den Keller. Das war mir sehr recht. Er besaß eine Taschenlampe, mit der er kontrollierend den Weg schon weit vor uns ausleuchten konnte. Seine Kellertür war zwar gleich am Anfang des Ganges, aber seine Anwesenheit war beruhigend, ich hörte sein schwungvolles Einschippen. Bald darauf stand er in meinem Keller, ich brauchte meinen Eimer nicht selbst zu schleppen, durfte die Taschenlampe benutzen. Einmal jedoch hielt er kurz vor der Treppe inne, stellte seine schwere Last ab und fragte mich: „Willst du mal was sehen?" Er öffnete seine Hose und zeigte mir eine lange, pralle, beige Wurst, die auf seiner Hand lag. „Was soll der Unsinn?", fragte ich verständnislos und ging unbeeindruckt weiter. Verlegen packte er das Ding wieder ein und kam mir nach. Diesen Quatsch ließ er dann in Zukunft sein.

Der Aufenthalt in unserem Keller wurde durch das häufige Begehen immer weniger Angst einflößend und tagsüber wurde diese dunkle Stätte, wenn es etwas Geheimes zu spielen galt, sogar als Treffpunkt unserer Bande benutzt.

Es lag nahe, dass ich als einziges Mädchen die Prinzessin war. Ich wurde geraubt, an einen, meinen Rettern unbekannten Ort verschleppt, gefangen gehalten, bewacht, gesucht, gerettet und durfte mir dann meinen Prinz aussuchen.

Einmal gingen wir zum Aussuchen in den Keller. Ich befahl ihnen, sich nebeneinander aufzustellen. Eifrig kamen sie meiner Aufforderung nach. Die Qualität eines Kusses sollte mir die Entscheidung erleichtern.

Bernhard roch nicht so angenehm. Egal. Wir pressten die Lippen aufeinander. Na ja. Bei Wölfel spürte man das harte Gebiss. Unangenehm. Der kleine Peter musste dauernd lachen. Bleib doch mal ernst und halt still. Ach, der war zu kindisch. Hans, der neu zu uns gezogen war, stellte sich vielleicht ungeschickt an, vor lauter Nase kam es nur zu einer flüchtigen Lippenberührung. Du musst den Kopf schräg halten, korrigierte ich ihn. Und dann kam ich zu Achim. Er ging mit mir in die dritte Klasse und wohnte gegenüber im Klinik-Viertel. Ein Arztsohn. Der musste wohl etwas falsch verstanden haben, denn als meine Lippen ihm näher gekommen waren, hielt er mich plötzlich fest und steckte mir seine spuckige Zunge in den Mund und bewegte sie auch noch hin und her. So ein Benehmen war ja die Höhe! „Du Schwein“, erboste ich mich, aus seiner Umklammerung lösend. Ich klatschte ihm eine, so eine Sauerei ließ ich doch nicht mit mir machen. Die Prinzenwahl wurde abgebrochen.

„Wer zuerst oben ist“, rannte ich los und alle hinter mir her.

Omi hatte von den Begebenheiten im Keller keine Ahnung. Im Winter hackte sie hier Holz, wässerte regelmäßig die in Töpfen unter spitzen Hüten schlummernden Hyazinthenzwiebeln, damit sie heranwuchsen, um pünktlich zur Weihnachtszeit in unserer Wohnung blühen und duften zu können. Überprüfte die in zwei Blumenkästen zur Überwinterung gelagerten roten und weißen Geranien, die jedes Jahr erneut ab Mai unsere Wohnzimmerfensterbänke mit solch einer hohen Blütenpracht schmückten, dass man kaum darüber schauen konnte. Ein kleiner Trost für ihren zurückgelassenen Garten, weit weg, voller Blumen. Was wohl aus ihm geworden war?

Auf Blumen kann man nicht verzichten, meinte sie. Immer war unser Wohnzimmer passend zur Jahreszeit mit einem Strauß geschmückt. Primelchen, Osterglocken und Tulpen, Flieder, Veilchen und Maiglöckchen, Margaritten, Löwenmaul, Rittersporn und Rosen, Rosen, Rosen. Weiße, in zartem Gelb, von orange bis dunkelrot mit kräftigen Stielen, und tauchte man die Nase in ihre Blüten, verströmten sie einen wunderbaren Duft. Dahlien und Astern zeigten an, dass der Sommer bald zu Ende war und hielten es besonders lang in der Vase aus. Selbst in der kalten Jahreszeit erfreuten wir uns an einem üppig blühenden Alpenveilchen und einem Strauß von Trockenblumen, der nicht einmal Wasser brauchte und zu dem sich in der Adventszeit Tannenzweige gesellten.

Bei Zometschs stand dagegen ein Strauß mit künstlichen Blumen, wie man sie auf der Messe schießen konnte. Denen brauchte man kein frisches Wasser zu geben, auch praktisch. Oder ihr Sohn hat ihr Stolzen Heinrich oder Zweige des Schmetterling-Strauchs mitgebracht. Beide wuchsen wild am Rande des Bahngeländes.

Ging man im Hinterhof an den Kinotüren vorbei, führte ein abfallender Weg unter dem auf Pfeilern abgestützten fensterlosen Bühnenraum des Kinos hindurch. Links war der Hof durch einen Stacheldrahtzaun begrenzt. Dahinter, etwas tiefer liegend, erstreckte sich, etwa fünfzig Meter von uns entfernt, ein Gewirr von Eisenbahnschienen bis hinüber zur Bahnhofstraße.

Die Sicht nach rechts war leider durch die Krone eines riesigen Maulbeerbaumes, der unseren Hof auf der Rückseite des Kinogebäudes begrünte, versperrt, sonst hätte man den gusseisernen Fußgänger-Übergang, der sich in Höhe der Römerstraße vom Bergheimer Viertel zur Weststadt über die Bahngleise spannte, sehen können. Ab und zu kletterten wir den Steg hinauf, liefen auf Holzdielen, durch deren Ritzen man in die Tiefe blickte, zur Mitte und warteten auf eine sich nähernde Lokomotive. Welchen Schienenstrang befuhr sie? Standen wir richtig? Wir winkten dem Lokomotivführer zu. Er wusste, wenn er unter uns durchfuhr, musste er hupend Dampf ablassen. Nicht selten gingen wir danach rußgeschwärzt nach Hause. Je schwärzer, desto besser. Wir waren begeistert!

Blickte man nach links, sah man in der Ferne die überdachten Bahnsteige des in rotem Sandstein gebauten Heidelberger Bahnhofs, dessen Eingang in der Nähe des Bismarckplatzes, gleich gegenüber der Hauptpost lag. An- und abfahrende Züge sorgten für ständige Bewegung, wie wimmelnde Ameisen erschienen die Reisenden. Gepäckwagen mit sich darauf türmenden Koffern wurden von, sich mit aller Kraft dagegen stemmenden, Männern vorbeigeschoben. Mit lautem Zischen entlud sich manchmal der Dampf aus dem Schornstein einer Lokomotive. Pfiffe, Türenschlagen. Sch, sch, sch, keuchte es beim Anfahren. Lautsprecherstimmen. Schrilles Quietschen beim eintreffenden Abbremsen.

Begehen des Bahngeländes für Unbefugte streng verboten, lasen wir auf einem Schild.

Das machte uns neugierig und bald war eine günstige Stelle in der Absperrung gefunden, wo man den hindernden

Stacheldraht etwas abwickeln konnte, sodass man ohne Schaden über das Drahtgitter klettern konnte. Die Jungen machten es mir vor. Zuerst mit den Fußspitzen in den Maschen nach oben, gut festhalten, dann erst das eine Bein, dann das andere über den Zaun schwingen: Ratsch, ausgerechnet mein neuestes, gekauftes Kleidungsstück, ein gegen Nässe imprägnierter Anorak aus hellblauem Popelin mit roter, an den Enden bald abgelutschter Kordel im Kapuzenrand, blieb dummerweise an einem übersehenen, noch hervorstehenden Stachel hängen. Ein dreieckiger Riss. Scheiße! Wieder herunterhangeln, bis man auf einer hohen Mauer zu stehen kam. Nun noch ein Sprung. „Das ist mir zu hoch!" „Spring, wir fangen dich auf", grinsten sie mir unten angeberisch entgegen. „Soll ich?" „Komm schon, keine Angst. – Na, also!"

Die Jungen sorgten dafür, dass ich in Zukunft diese Hürde leichter nehmen konnte. Der Zaun war bald niedergetrampelt und an die Mauer hatten sie Erde aufgeschüttet, so brauchte ich nicht zu springen, sondern konnte den Hang herunterrutschen. Irgendjemandem schien das allerdings nicht zu passen, denn immer, wenn wir uns endlich einen bequemen Weg geschaffen hatten, überraschte uns ein neu angebrachter Zaun und meine Freunde mussten sich erneut für mich einsetzen.

Das Spielen auf dem neuen Gelände hatte seinen Reiz. Direkt vor unserer Nase verlief ein Abstellgleis, auf dem gelegentlich entweder Eisenbahnwagen zum Saubermachen gebracht und wieder abgeholt wurden, oder Güterzugwagen zur Belieferung der Firma Entenmann, Bergheimer Straße 55, heranrangiert wurden. Unter der Firmenrampe stapelte sich in großen Haufen Stroh und Holzwolle, in dem die ausgepackten Kloschüsseln, Waschbecken und Badewannen aus weißem Porzellan sicher angereist waren. Wir mussten den Feierabend abwarten. Dann wurde die eiserne Rampe eingefahren und ein großes Eisengitter schloss sich. Die im Hof gelagerte Ware war nun sicher. Aber das Verpackungsmaterial war uns zugänglich.

Die Jungen kletterten das Gitter hinauf, je mutiger man war, desto höher, und sprangen unter lautem Jauchzen mit Bauchplatscher in die Haufen. Ich schaute nur zu, das war mir zu riskant. Auch beim Aufspringen auf, wenn auch nur langsam fahrende, Züge, um ein Stück mitzufahren und danach wieder abzuspringen, hielt ich mich zurück. Schließlich wurde ich als Krankenschwester gebraucht. Und tatsächlich, herrje, Bernhard rutschte einmal ab. Loch im Kopf. Musste genäht werden.

Aber beim Steine-auf-die-Gleise-legen und gespannten Warten, was passiert, wenn ein Zug kommt, war ich dabei. Welche Enttäuschung, wenn das Hindernis von den mächtigen Rädern nur weggeschoben wurde und der Weg wieder frei war.

Auch beim Züge Beschmeißen mit reifen Maulbeeren, vom Flachdach des Glashauses aus, beteiligte ich mich eifrig. (Ursprünglich hatten die Amerikaner das Gebäude als Garten-Partyraum hinter dem Kino genutzt. In mühseliger Arbeit hatten meine Freunde und ich am leer stehenden Gebäude stückchenweise das Glas aus dem die Scheiben verstärkenden Draht gelöst, sodass nur noch ein Metallgerippe überdacht war. Es war zu einem sehr beliebten Klettergerüst geworden.) Wenn ich, durchs offene Zugfenster gezielt, Eisenbahnbedienstete traf, erwiderte ich einen drohend erhobenen Zeigefinger mit einer herausgestreckten Zunge und höhnischem Gelächter.

Kein Wunder, dass eines Tages ein Beamter der Bahnpolizei in unserem Haus nach den Tätern des nicht abreißen wollenden Unfugs fahndete.

„Da ist so eine Kleine im roten Kleid, die ist die Schlimmste!"

Omi ahnte, dass ich gemeint war. Mein ärmelloses Lieblingskleid aus rotem Baumwollkrepp mit weit schwingendem Rock, großem Ausschnitt und schmalem Lackgürtel hatte sie mir geschneidert. Noch hielt sie zu mir. Aber kaum war der Mann weg, gab es ein Donnerwetter. Was ich mir einbildete? Wo ich mich herumtrieb? Ob ich nicht ganz gescheit wäre?

Was alles hätte passieren können? Was das für Kerle wären? Ob mir nichts Besseres einfiele? Und ich bekam eine Woche Zeit, während des nachmittäglichen Hausarrestes über diese Fragen nachzudenken.

In Zukunft hatte ich auf dem Bahngelände nichts zu suchen. Es dauerte eine Weile, bis dieses Gebot in Vergessenheit geriet. Bis dahin bewegte ich mich dort im Geheimen.

„Pst! Nichts verraten!"

Hausarrest machte mir mittlerweile nichts mehr aus. Nach Erledigung der Hausaufgaben ging ich ins Wohnzimmer, um dort die mir zur Verfügung gestellte Zeit zu nutzen. Ich konnte meine Rosenbilder sortieren, nach den in dicken Büchern gepressten Bonbonpapieren, die ich sammelte, schauen, den Joker des Kartenspieles abzeichnen – der mit der Laute gefiel mir besonders gut – Dominosteine aneinanderlegen, meine Geschicklichkeit an Mikadostäben trainieren, in den persönlichen Sachen meiner Mutter herumstöbern, mich parfümieren und pudern, meine Lippen bemalen, mit ihrem Kamm die Teppichfransen kämmen, ihre Ohrringe anclipsen, auf dem Bett Purzelbaum üben. Mir fiel immer etwas ein. Und wenn ich für alle sechs Parteien beim großen ‚Mensch ärgere dich nicht' würfelte, und ich schonte mich dabei nicht und schmiss mich selbst auch noch kurz vor dem Ziel raus, war ein Nachmittag besonders schnell vorbei.

Meine Freizeitgestaltung sollte besser organisiert sein, fand Omi und erlaubte, dass ich mit der ein Jahr älteren Adelheid einmal in der Woche das Amerikahaus in der Friedrich-Ebert-Anlage besuchte. Ich konnte mir englische Literatur ansehen, lernte spielerisch die Zahlen eins bis zehn und das ABC in Englisch. Außerdem durfte ich alle zwei Wochen mit ihr zur evangelischen Jungschar. Adelheid war ein nettes, anständiges Mädchen, ein guter Einfluss für mich.

Ich hätte besser mit meinen Freunden gespielt. Ohne sie war ich schutzlos.

Adelheid war so brav, so wenig abenteuerlustig, so vernünftig. Es war verwunderlich, dass sie einmal nachmittags meinen Vorschlag aufgriff, uns ein wenig draußen umzuschauen, das Kino wurde nämlich neu renoviert. Wir inspizierten die Baustelle. Obgleich ‚Betreten Verboten' uns eigentlich hätte hindern müssen, schlupften wir unter schräg gestellten, den Durchgang versperrenden Baulatten hindurch und tappten neugierig zwischen Bauschutt, herumliegenden Eisenstangen und Farbeimern im Treppenhaus. Es roch nach frischer Farbe. Die Wände, die bei den ‚Amis' hellgrün gestrichen worden waren, erstrahlten nun in blendendem Weiß. Wir stiegen die Treppen hinauf. Im ersten Stock hing ein Schild ‚Frisch gestrichen' am Geländer. ‚Kein Zutritt' stand auf der Bühnentür. Ich drückte die Klinke. Zu. Wir stiegen die nächste Treppe hinauf. Durch das Fenster konnte man über das Bahngelände sehen. Noch eine Treppe höher. Tür zu. Weiter. Was war oben? Wir waren ganz schön außer Atem, als wir im letzten Stock ankamen.

Da stand ein Mann am Fenster. Er war weiß angezogen und bemalte mit einem Pinsel den Fensterrahmen. Ich hatte ihn vorher noch nie gesehen. Er lächelte uns freundlich an. Mir fiel sein schwarzer Schnurrbart auf. Er legte seinen Pinsel weg und sprach mit uns. Wir seien hübsche Mädchen. Er war sehr nett. Er könne uns was Schönes zeigen, ob wir Lust hätten? Von hier oben habe man eine wunderschöne Aussicht. „Aber Achtung, hier ist frisch gestrichen!" Ich kann dich hochheben, dann siehst du besser. Adelheid kam zuerst dran. Er hatte seine große Hand unter ihrem Po. Sie schauten eine Weile. „Ich will auch", quengelte ich. Er setzte Adelheid ab. „Komm wir gehen, ich muss heim", forderte sie mich auf und zog mich am Ärmel. „Nein, jetzt bin ich erst dran." Er nahm mich hoch. Ich hielt mich an seinem Hals fest. „Sitzt du gut? Nur keine Angst. Schau mal dahinten der lange Zug, wieviel Waggons der hat. Eins, zwei, drei ...".

Täuschte ich mich? Während wir zählten, spürte ich, wie seine Finger zwischen meine Beine unter meinen Schlüpfer krochen. Das war ja widerlich. „Ich will runter“, verlangte ich. „Bleib doch noch ein bisschen“ und seine Finger krabbelten an mir, während er mich festhielt. Dabei atmete er so komisch. „Loslassen!“, schrie ich ihn an und bäumte mich mit aller Kraft zappelnd gegen seinen Haltegriff auf. „Stell dich doch nicht so an!“, herrschte er mich an. Es gelang mir, mich, wie ein Aal windend, aus seiner Umklammerung zu befreien. „Weg hier!“, rief ich Adelheid zu und stürmte ihr voraus die Treppe hinunter. „Schnell, beeil dich!“, spornte ich sie, die mir kaum folgen konnte, an und nahm in jedem Stockwerk die letzten drei Stufen auf einmal.

Als wir aufatmend ins Freie traten, fragte ich sie, ob sie das Gleiche wie ich erlebt hätte.

Sie gab es zu, es war ihr ja so peinlich, wenn das ihre Eltern erführen. Diese Schande. Ich solle bloß nichts sagen!

Das konnte ich nicht versprechen.

Wir gingen nach Hause.

Peinlichkeit verspürte ich nicht. Mich empörte das Erlebnis. Was wohl Omi dazu sagt? Die informierte zuerst Onkel Wolfi. Er war wie sie der Meinung, dass man die Polizei verständigen müsse. Zuvor aber sollte man sich zuerst mit Adelheids Eltern in Verbindung setzen und sie über das Geschehnis informieren.

„Ist das wahr?“, fragten sie entsetzt ihre Tochter. Das Mädchen wusste plötzlich von nichts. Sie hätte nichts bemerkt, versicherte sie ihrem Vater.

Von da an hatte ich eine Freundin weniger. Die Polizei wurde trotzdem geholt. „So etwas denkt sich Marion nicht aus. Der Kerl gehört bestraft.“

Die Erwachsenen machten ein schönes Theater, wäre ich bloß still gewesen!

Eine Stunde später saß ein Polizist in unserer Wohnung und schrieb alles auf, was ich sagte. Danach musste ich ihm den Eingang zum Treppenhaus zeigen. Der Maler war noch da, er ging mit dem Polizist über unseren Hof.

Am nächsten Morgen war ich mit Omi in die Frauenklinik bestellt. Was sollte ich denn da? Eine Frau Doktor begrüßte mich, Omi solle draußen warten. „Du bist also die kleine Marion? Na, dann zieh mal dein Höschen und deine Schuhe aus und leg dich hier hin“, deutete sie auf eine mit Leder bezogene Liege, über der sich ein großes weißes Papier spannte. Es verrutschte ein wenig. Ich musste die Beine anziehen, sodass meine Fußsohlen auf dem Bett standen. Sie trat an mich heran. Über ihre Hände hatte sie milchige Gummihandschuhe gestreift. „So, nun wollen wir mal gucken, spreiz mal die Oberschenkel“ und drückte mir die Knie, die ich fest zusammengepresst hielt, auseinander. „Es tut nicht weh, du brauchst keine Angst zu haben“, beruhigte sie mich und fingerte, nachdem sie den Lichtkegel einer Lampe auf meinen Unterkörper gerichtet hatte, kurz an mir herum. Mir war das nicht angenehm. „Schon erledigt“. Ich durfte mich wieder anziehen. Sie begleitete mich zur Tür und beruhigte meine wartende Großmutter: „Es ist alles in Ordnung, die Kleine ist unverletzt!“ „Gott sei Dank!“, atmete Omi erleichtert auf. Ich wunderte mich, wieso verletzt?

Damit war die Sache erledigt, dachte ich und erzählte stolz meinen Freunden, wie mich ein fremder Mann festgehalten und ich mich zur Wehr gesetzt hatte. Solch ein beherztes Verhalten war ganz im Sinne von Wölfel.

„Ene mene muh und drauß bist du ...“. Als feststand, wer fangen musste, rannten wir in alle Himmelsrichtungen.

Nach einem Monat, ich hatte den Vorfall schon fast vergessen, musste ich zur Vernehmung aufs Kommissariat in der Riedstraße, gleich neben Muttis Arbeitsstelle. Ich musste mein Erlebnis erneut schildern. Währenddessen klimperte jemand auf der Schreibmaschine.

Es verging wieder einige Zeit. Wir waren in die Psychiatrie bestellt. Omi regte sich auf. Ich war schon oft auf dem Weg zum Klinikgarten an dem Gebäude vorbeigegangen. Die Fenster waren vergittert und manchmal sah man Menschen in gestreiften Schlafanzügen dahinter. Was sollte ich denn da? „Die wollen sich nur mit dir unterhalten, sei schön artig“, schickte mich Omi allein in einen Raum. Dort wartete ein älterer Herr hinter einem Schreibtisch auf mich. Nachdem ich ihm gegenüber Platz genommen hatte, fragte er mich, wie ich hieße, welchen Namen meine Puppe hätte, wie es in der Schule wäre, ob ich Freunde hätte. Ich konnte ihm immer antworten. Dann legte er eine Karte vor mich auf den Tisch. Auf der war nur ein unregelmäßiger schwarzer Farbklecks. Was ich sehen würde? Das war nun wirklich nicht schwer, wie oft schon hatte ich in den Wolken am Himmel ungewöhnliche Gestalten gesehen. Hier war das genau so. Ein Riese. Die nächste Karte. Ein Ungeheuer. Ein ganzer Stapel Karten. Ich erzählte, was ich sah, er machte sich Notizen. Dann wurde ich entlassen.

Ein halbes Jahr später fand die Gerichtsverhandlung statt. Mir könne eine Zeugenaussage nicht erspart bleiben. Omi und Mutti begleiteten mich. Die Schule war informiert und an diesem Vormittag fiel der Unterricht für mich aus, Mutti hatte sich freigenommen. Der Richter saß erhöht. Ich musste zu ihm hochschauen. „Nun erzähl mal, wie war denn das damals, du musst aber die Wahrheit sagen!“, forderte er mich freundlich auf.

Ich hatte wirklich Mühe, mich an alle Einzelheiten zu erinnern. Das war alles schon so lange her. Dann wurde ich herausgeschickt. Das war’s.

Zu Hause erzählten sie dann, der Mann sei die ganze Zeit in Untersuchungshaft gewesen. Ein Vater von fünf Kindern. Die Arbeitsstelle habe er auch verloren.

Ich wäre ein sehr phantasievolles Kind, hätte der Gutachter gesagt. Ich würde meine Puppe Klarissa nennen, das wäre schließlich sehr ungewöhnlich. Wieso denn?

„Er hat zwei Jahre auf Bewährung gekriegt. Das wird ihm eine Lehre sein!“, berichteten sie voller Genugtuung.

Der Alltag kehrte wieder ein und schon bald war der Vorfall vergessen. Jahre später begegnete ich dem Mann noch einmal zufällig in einer Altstadtgasse. Ich stutzte. Das war er doch, oder? Mit einem mulmigen Gefühl hastete ich an ihm vorbei.

Nach dem, was mir passiert war, verhärtete sich der Wunsch meiner Mutter, mit ihrer Familie aus diesem Milieu herauszukommen. Sie musste sich unbedingt eine neue Arbeitsstelle suchen, wo sie mehr verdiente, dann könnten wir uns eine andere Wohnung leisten. Vielleicht würde sie mit zwei Fremdsprachen bessere Chancen haben und sie fing an, Italienisch zu lernen.

Omi lief indessen den Behörden die Tür ein. Sie beanspruchte einen Lastenausgleich für ihren im Krieg in Ostpreußen zurückgelassenen Besitz.

Ohne Erfolg kam sie oft niedergeschlagen nach Hause. Auf dem Rückweg war sie aber einkaufen gegangen und tröstete sich, Murri und mich mit einer kleinen Zwischenmahlzeit, gekochtes Scheinefüßchen, frische rosafarbene Lunge oder einen geräucherten Bückling, von dem ich das, mit einem Messer von der Haut abgeschabte, Fett besonders mochte. In dem Fischfleisch waren mir zu viele Gräten. „Schau mal, der ist mit Rogen“, ertastete sie den goldbraun schillernden Brocken vor dem Zerlegen und schob mir danach ein Stück davon mit der Gabel in den Mund. Es war immer gut, sich vor dem Mittagessen bei ihr in der Küche aufzuhalten. Manchmal konnte man auch in dem Abfallhaufen auf dem Küchentisch etwas Schmackhaftes finden. Ein Strunk vom Weißkohl, die Endstücke einer Gurke, Orangenschalen, die ich immer gleich als erstes auf dem Küchenstuhl sicherte, denn die weiße Innenhaut nagte ich besonders gern ab, eine Apfelschalenspirale, Omi konnte den Apfel unter ständigem Drehen, ohne abzusetzen, in einem Zug bearbeiten.

Während sie die geschälten Zutaten zerschnitt und in Töpfe oder Schüsseln verteilte, fiel immer ein Scheibchen für mich ab: Karotte, Kohlrabi, Rettich, Tomate. „Finger weg!“, unterstrich sie ihre Mahnung mit einem Klaps auf meine Hände, die sich noch zusätzlich ein Stückchen unerlaubt stibitzen wollten.

Nur, wenn sie Obstsalat machte, zu dem sie grundsätzlich beim Kaufmann nach angefaulten Früchten verlangte, die

Mutti fuhr nach Italien.

gab es fast umsonst, hätte es zum Nachtisch nicht mehr gereicht, wenn man genascht hätte. Das musste man einsehen. Sie hatte soviel wegschneiden müssen. Aber die Walnüsse dazu durfte ich knacken und so manches beim Zerhacken vom Küchentisch wegspringende Teilchen landete in meinem Schnabel.

Omi sorgte für abwechslungsreiche Nahrung und ich wurde immer satt. Sie gab sich wirklich alle erdenkliche Mühe, hatte für alles Verwendung, was man billig erstehen konnte. Sie bereitete saure Nierchen, Brühe mit Rinderfleck und Majoran, überbackenes Kalbshirn auf Brotscheiben, kochte Milch auf für Pudding und Brei oder ließ sie stehen, bis sie sauer und dick wurde, gelatinierte Sülzen, drehte Reste durch den Fleischwolf für leckere Pasteten. Doch Mutti rümpfte zuweilen die Nase und beklagte sich. „Wo soll ich es denn hernehmen?“, fragte meine Großmutter und schüttelte den Kopf über ihre anspruchsvolle Tochter, für die sie doch wirklich alles machte. „Nichts ist dir gut genug!“

Was fehlte meiner Mutter? Womit konnte man sie zufriedenstellen?

„Vielleicht hilft dir ein Urlaub nach Italien, da kannst du auch deine Sprachkenntnisse erweitern?“, regte Omi einen Tapetenwechsel an, um den Launen ihrer Tochter zu entgehen. Das war einleuchtend. Mutti fuhr nach Italien. An den Gardasee. Das half. Nach zwei Wochen kam sie braungebrannt zurück. Strahlend, gut gelaunt. Und sie hatte etwas für uns mitgebracht. Eine Flasche italienischen Rotwein, die in einem Bastkorb stand, echten ‚Kjanti' für Omi und für mich Bonbons, die in mit Sternzeichen bedrucktem, pastellfarbenem Glanzpapier eingewickelt waren. Das war was für meine Sammlung. Ich war entzückt.

Auf Postkarten zeigte sie uns, welche Sehenswürdigkeiten sie besichtigt hatte und schwärmte von Land und Leuten.

Eine Woche später waren die Fotos, die sie mit einem von Onkel Rüdiger geschenkten Agfa Fotoapparat in hellbrauner Lederhülle gemacht hatte, fertig.

Auf manchen Bildern lehnte ein gutaussehender Mann an einem Motorroller, mal mit gebirgigem Hintergrund, mal mit See hinter seinem Rücken. Julio. Auch er wollte meine Mutter mit Bambini nach Amerika mitnehmen. Ach, Amerika! Die Freundin von Frau Zometsch war inzwischen auch ausgewandert und Onkel Butz, der Bruder von Omi. Aber was sollte sie dort? Sie konnte sich nicht dazu entschließen und blieb traurig zurück.

Im darauffolgenden Jahr startete sie einen erneuten Versuch, glücklich zu sein. Diesmal fuhr sie nach Mailand und an die Riviera. Sie war nicht lange allein. Auch er sah gut aus, aber als er nach Monaten Bilder von seinem Baby schickte, fiel sie aus allen Wolken, der war verheiratet. Wochenlang litten wir unter ihrem Missmut.

Wenn wir in dieser Zeit nicht Onkel Rüdiger gehabt hätten!

Sonntags gegen halb vier klingelte es manchmal für uns an der Wohnungstür. Ich durfte öffnen, und da stand er, völlig unerwartet, verschmitzt lachend, mit einem großen weißen Paket in den Händen. „Evelyn, koch Kaffee!“ Omi deckte in der Zwischenzeit im Wohnzimmer den Couchtisch, nicht wie sonst mit den Sammeltassen aus der Küche, auf meiner waren Kornblumen abgebildet, sondern mit dem feinen Porzellan aus dem Wohnzimmerschränkchen, auf dessen Unterseite sich zwei Säbel kreuzten, oder war es eine offene Schere? Ich durfte Kuchengabeln und Kaffeelöffel aus Silber dazulegen und kleine, lachsfarbene Servietten aus hauchdünnem Stoff, die Ränder gefranst und in jeweils zwei gegenüberliegenden Ecken mit einem kleinen Blumenstrauß bestickt.

Geheimnisvoll schaute mein Onkel mich an. Was hatte er mitgebracht? Er öffnete das Papier mit der braunen geschwungenen Aufschrift ‚Konditorei Ganther‘. Er öffnete das Papier. Mmmmm, kleine Törtchen! Hellgrün glasierte, mit zarter Nougatcreme gefüllte Pistazientörtchen, Ananastörtchen, deren Untergrund aus einer hellen Waffelscheibe bestand, und deren Rand aus Marzipan war, Mokkabohnen, man erkannte sie an der aufgeklebten Kaffeebohne in ihrer Mitte, Obsttörtchen, Punsch- und Käseschnittchen. Omi setzte sie alle auf einen großen, mit zarten Rosen bemalten Kuchenteller. Mit einem Messer geteilt, konnte jeder von uns in den Genuss aller Sorten kommen. Dazu tranken wir echten Bohnenkaffee, meiner war mit Wasser verdünnt, damit ich nachts schlafen konnte, werktags gab es sonst nur Caro-Kaffee oder Beuteltee. Kaffeesahne und Würfelzucker standen bereit, in blank geputztem Silber auf einem kleinen ovalen Tablett, bedeckt mit einem Spitzendeckchen, um vor Flecken zu schützen. Omi hatte das Hochzeitsgeschenk vor den Russen retten können.

Aus winzigen dunkelgrünen Glasbecherchen, um deren verdickten Fuß sich in gleichmäßigem Abstand Traubendolden rankten, Rüdiger hatte sie bei Kochenburger am Universitätsplatz einmal für meine Mutter erstanden, nahmen die Großen noch ein Likörchen („Das ist nichts für dich!“) zu sich, noch eins und noch eins. Die Geschwister rauchten. Mein Onkel erzählte Geschichten, dabei ahmte er Personen nach, dass man sie deutlich vor Augen hatte. Egal aus welcher Ecke Deutschlands sie kamen, er beherrschte viele Mundarten, manche Worte waren mir völlig fremd. Alle lachten amüsiert. Nur Mutti etwas schriller als sonst. Im Nu war der schöne Nachmittag vorbei. Als ich beim Abräumen half, steckte ich noch schnell meine Zunge in eines der Becherchen. War das wirklich nichts für mich? Ääää, war das scharf! Es brannte wie Feuer, ich hechelte nach Luft.

Aber mein lieber Onkel Rüdiger überraschte uns immer seltener und war auch ausgezogen. Nicht einmal seine Mutter wusste, wohin.

An einem Ostersonntag tauchte er wieder auf. Er informierte mich, der Osterhase sei da gewesen, ich solle mal nachschauen, ob er etwas vergessen hätte. „Wo denn?“ fragte ich erwartungsvoll. „In Wolfis Zimmer.“

Doch zuerst nahmen wir ein ausgiebiges Frühstück ein, mit am Karfreitag selbst gefärbten und zum Glanz mit Speckschwarte eingeriebenen hart gekochten Eiern, von denen ich zum Leidwesen meiner Mutter soviel essen durfte, wie ich wollte, „dir wird schlecht werden!“, „lass doch das Kind, wenn es ihm schmeckt“ und kleinen Speckkuchen, einer russischen Spezialität aus Hefeteig, die meine Großmutter nur einmal im Jahr zubereitete.

Die Erwachsenen im Schlepptau, durfte ich dann endlich den Raum meines Onkels betreten. Dieser Osterhase! Der war ja ganz schön vergesslich und wo der überall herumgehopst war! In den Kissen auf Wolfis Bett hatte er wohl geschlafen? Oder darunter? Wie war der auf die Gardinenstange gekommen? Wie auf die Türumrandung? Auf die Bilderrahmen an der Wand? So hoch kam ich gar nicht hinauf und Onkel Wolfi stemmte mich den Süßigkeiten entgegen. Überall hatte der Hase eins oder gleich mehrere Schokoladenostereier liegen lassen. In der Sesselecke, hinter dem Ofen, im Blumentopf, auf den Büchern, auf dem Sockel der Stehlampe. Mein Körbchen füllte sich. Nun sah ich keins mehr. Aber mein Onkel spornte mich an, während ich im Zimmer herumtappte: „Warm, wärmer, kalt, kalt, kälter, ganz kalt“. Da änderte ich besser die Richtung. „Warm, wärmer, heiß, heißer, Achtung, du verbrennst dich!“ Ich beäugte die Einrichtungsgegenstände vor mir. Wölbte sich da nicht die Tischdecke? Und tatsächlich, selbst darunter hatte der Schlingel ein Osterei vergessen.

Und zum Schluss gab es noch einen goldenen Hasen, er saß plötzlich, ich hätte schwören können, vorher saß er da noch nicht, auf der Türklinke. Mit einem roten Bändchen um den Hals, an dem ein goldenes Glöckchen hing. ‚Lindt‘ stand auf seinen Hinterläufen und auch auf den meisten Ostereiern. „Das ist etwas besonders Feines!“, sagte meine Mutter anerkennend und spitzte die Lippen.

Es dauerte lange, bis ich es über das Herz brachte, das Tier zu verspeisen. Erst streichelte ich es noch einmal, bevor ich es langsam, jeden Tag ein bisschen von unten anknabberte, die Krümelchen, die dabei in den Hohlraum fielen, in den Mund schüttete, sorgsam das Goldpapier über die Wunde zog, damit das Tier unverletzt aussah, bis am Ende nur noch die Ohren vorhanden waren. Die Schokolade schmeckte wirklich sehr gut. Lange nach Ostern.

Und das Glöckchen trug Klarissa ums Handgelenk.

Als ich im April an meinem Geburtstag, es war ein strahlender, warmer Sonnentag, nach der Schule nach Hause kam, forderte mich Omi auf, in den Hof zu gehen, Onkel Rüdiger hätte dort etwas für mich hingestellt. War das eine Überraschung! „Für mich?“, fragte ich ungläubig. „Ja, und herzlichen Glückwunsch von Rüdiger. Er musste leider gleich wieder weg.“

Er hatte mir einen Tretroller geschenkt. An der Wand lehnte ein knallrotes Gestänge mit silbernem Lenker, mit Gummipfropfen an beiden Enden, einer Klingel, breiten, von Schutzblechen geschützten Gummireifen, einem Bremsknopf, hinten auf dem mit Gummi belegten Trittbrett, und einem Gepäckträger über dem Hinterrad. Das war eine andere Sache als der schmale Holzroller von Peter, nun brauchte ich mir den nicht mehr auszuleihen, musste nicht mehr, um zu bremsen, die Schuhsohlen auf dem Boden entlangschleifen. Ich drehte sofort eine Runde um das Kinogebäude. Weich federnd überwand er selbst holprige Wegstellen, lautlos rollten die Räder über glattes Pflaster. Im Nu war ich wieder da.

Ich war überglücklich.

Meine Freunde bekamen am Nachmittag eine Scheibe von meinem Geburtstagskuchen – Omi machte ihn immer einen Tag vorher nur für mich, einen Schokoladen-Igel: Leibnitz-Kekse mit Schokoladencreme bestrichen, in mehreren Lagen übereinander geschichtet, das kastenförmige Gebilde mit spitzer Schnauze rundherum mit brauner Creme bestrichen, mit Mandelstiften auf der Oberseite besteckt und mit zwei Mandelaugen versehen. Danach durften sie alle das neue Gefährt ausprobieren. Selbst Wölfel und Bernhard, die beide schon Fahrräder hatten, die sie meistens Freitagnachmittag im Hof umgedreht auf Sattel und Lenker stellten und danach stundenlang zwischen den Speichen mit alten Lumpen auf Hochglanz polierten, staunten nicht schlecht über den komfortablen Fahruntersatz.

Das letzte Geschenk von Onkel Rüdiger bekam ich noch im selben Jahr zu Weihnachten, einen Regenschirm. Ich hütete ihn wie einen Augapfel. Er war wunderschön. Auf seinem roten Stoff tummelten sich weiße Schneeflöckchen und sein Griff war aus gedrehtem durchscheinenden Kunstharz. Er war so ausgefallen, dass ich ihn, nachdem ich ihn Jahre später bei einem Kinobesuch im Faulen Pelz hatte stehen lassen und er auf immer verloren schien, bei einem Fahrgast in der Straßenbahn wiedererkannte. Die neue Besitzerin, nach der Herkunft meines Schirmes befragt, gestand, dass er ein Geschenk ihrer Freundin war. Die Dame arbeite als Platzanweiserin. Ich drohte mit der Polizei und bekam mein heiß geliebtes Eigentum, wenn auch schon ein wenig abgenutzt, wieder.

Dann baute mein Onkel mit seinem VW-Bus einen Autounfall. Nachts, mit viel Alkohol im Blut. Um sich einer unangenehmen Befragung zu entziehen, entfernte er sich unerlaubt von der Unfallstelle und verkrachte sich mit Omi, die ihm ins Gewissen redete und ihm drohte, nie wieder ein Wort mit ihm zu sprechen. Er ging und tauchte unter. Keiner konnte Auskunft über seinen Verbleib geben, als uns die Polizei mehrmals einen Besuch abstattete. Für unsere Familie war er unauffindbar.

Freunde hatten ihn noch einmal bei Bekannten getroffen, aber nun sollte er sich ins Ausland abgesetzt haben.

Seine Firma existierte nicht mehr. Onkel Wolfi übernahm das Mobiliar und verlor seine Arbeitsstelle.

Irgendwann erzählte man sich, Rüdiger hätte ein Spielcasino in Belgien. Oder war es in Luxemburg? Ich habe nie wieder etwas von ihm gehört.

Für meine Großmutter war er gestorben.

Manchmal weinte sie.

Aber es gab ja noch Wolfi. Seit Rüdigers Verschwinden hing all ihre Hoffnung an ihm. Doch mit seinem beruflichen Fortkommen war es schwierig. Er hatte weder einen Schulabschluss, noch einen Beruf erlernt. Der Krieg war dazwischengekommen.

Ach, ihr Jungchen konnte so schön malen. Das lag wohl in der Familie, und sie erzählte von ihrer Schwester, einer Künstlerin, die aber, aufgrund widriger Umstände nach dem Studium an einer Kunstakademie und einigen Ausstellungen, ihren Lebensunterhalt mit Arbeit in einer Manufaktur hatte verdienen müssen und dort bald wegen übermäßigem Einatmen von Goldstaub zu Tode gekommen war.

Solch einen Verlust hat auch meine andere Großmutter erleben müssen. Ihre Schwester hatte sich trotz Karriere als Tänzerin und Schauspielerin in Berlin und anschließend guter Partie schließlich, für alle unverständlich, in den 60er Jahren mit Schlaftabletten vergiftet.

In einer dunkelbraunen Schachtel hatte Omi zusammen mit anderen Erinnerungen an eine bessere Zeit ein kleines aufklappbares rotes Herz verwahrt. Ihr Sohn Wolfi hatte es ihr als Kind zum Muttertag gebastelt und mit Wasserfarben bemalt. Ich bestaunte die winzigen Blättchen und Blüten der gemalten und mit der Schere ausgeschnittenen Vergissmeinnicht-Ranken, die sich um den Rand des Herzens wölbten. In ihnen tummelten sich zwitschernde bunte Vögelchen auf einem sich durch die Pflanze anmutig schlingenden, gelben Schleifenband.

Nun malte er manchmal für mich, mit Holzfarbstiften. Eine neue Arbeit fand er so schnell nicht.

Er war ein so anständiger Junge, ganz anders als sein Bruder. Und so sportlich! Er trug die Hemden am Kragen offen, ohne Krawatte, auf der Brust rechts und links abgesteppte Taschen mit Klappen. Meistens hatte er helle Gabardine-Hosen an. Sein Haar war hellblond. Seinen drahtigen Körper konnte man bewundern, wenn er im Schwimmbad mit Schraube und Salto vom Sprungturm sprang.

„Darf Püppi mit?“, fragte er manchmal völlig unerwar-

Onkel Wolfi: „Darf Püppi mit?", fragte er manchmal völlig unerwartet.

tet, wenn es draußen besonders heiß war. Ich packte rasch meine Badesachen zusammen und trällerte wie die kleine Berliner Göre im Radio: „Pack die Badehose ein, nimm dein kleines Schwesterlein und dann nichts wie raus ...".

Wir fuhren dann in einem ausgeliehenen, geschlossenen VW-Käfer nach Schriesheim in ein Waldschwimmbad. Viele Bäume umgaben das Freibadgelände. Die Luft war klarer, kühler und würziger als in der Stadt. Mir genügte es, meine Füße in den Wasserwegen um das Schwimmerbecken herum abzukühlen, oder blitzschnell durch den eiskalten Wasserstrahl einer geöffneten Dusche zu huschen. Mein Onkel konnte mich allerdings nicht dazu bewegen, das Schwimmen zu erlernen, das musste er einsehen. Er ließ mich in Ruhe.

Mein Vater, dem ich manchmal, als Mutti noch mit ihm redete, beim Rugby zugesehen hatte, wo er sich in der Pause blutverschmiert, verdreckt und schwer atmend zu uns gesellte, wäre sicher anders mit mir umgegangen. Er hätte mich wahrscheinlich mit einem Wurf ins Wasser, „ sei kein Zimperlieschen!", gezwungen und sich dabei diebisch an meinen zappelnden Versuchen erfreut.

Onkel Wolfi aber respektierte mich und achtete darauf, dass ich wohlbehalten blieb.

Nur den Stich einer Bremse, den ich einmal auf dem Rückweg vom mordsmäßig stinkenden Toilettenhäuschen, einer Bretterbude, in der man in ein Loch, das in der Mitte eines nassen und braun verklebten Brettes lag, hineinmachen sollte, erfahren musste, konnte er nicht verhindern. Kein Wunder, dass es von diesen heimtückischen Viechern, die sich lautlos an einen heranmachten, nur so wimmelte. Der Boden dort war richtig sumpfig, der Rasen war von den vielen durchnässten Benutzern völlig weggetrampelt und es war eine weiche, sich beim Gehen durch die Zehen quetschende schlammige Schmiere entstanden. Und dieser Gestank!

Man konnte froh sein, dass in Heidelberg ein preiswertes neues Schwimmbad eröffnet wurde. Nicht so ein teures ‚Schickimicki-Bad', zu dem sich das Thermalbad nach Besetzungsaufgabe der Amerikaner entwickelt hatte, sondern ein Bad für Kind und Kegel. Es lag hinter dem Tiergarten. Riesige gepflegte Rasenflächen waren angelegt worden, manche sogar nur für Fußballspieler. Man konnte dort auch Tischtennis spielen; ich durfte meinem Onkel die heruntergefallenen Bälle zurückbringen. Da gab es anständige Toiletten, mit warmem Sandstein belegte Gehflächen, für Onkel Wolfi einen Zehn-Meter-Turm, von dem aus er sich allerdings erst abends, wenn sich der Besucherstrom Richtung Ausgang bewegte, wagemutig, kerzengerade in die Tiefe fallen ließ. Bis zu diesem Zeitpunkt trank mein Onkel im Terrassenrestaurant Bier und ich holte mir ein Eis in der Waffel, Malaga und Banane, während die Sonne rotes Licht verbreitete.

Einmal in der Woche hatte er Judotraining, gleich neben dem Regina-Lichtspielhaus, in dem ich einige Male mit Bernhard in der Kindervorstellung sonntags um 14 Uhr für eine Mark ‚*Prinz Eisenherz*' sah, am Ende der Bergheimer Straße, kurz vor dem Ochsenkopf, wo die Straßenbahn entweder links nach Plankstadt oder rechts nach Wieblingen abbog.

Sein Kampfanzug war aus dickem, schwer zerreißbarem,

weißen Stoff und bestand aus einer bequemen weiten Hose und einem über die Hüfte reichenden Oberteil, das wie ein Bademantel um den Körper gewickelt und mit einem festen Stoff-Bindegürtel zusammengehalten wurde. Diese Gürtel gab es in verschiedenen Farben. Für Anfänger war weiß vorgesehen. Die Kampfstätte wurde auf Sandalen betreten, deren Sohle aus Stroh geflochten waren und über die sich am vorderen Teil zwei Bänder kreuzten.

Zuerst knieten sich die Kämpfer gegenüber, dann gingen sie barfuß aufeinander zu, ihr Gewand noch einmal glatt ziehend. Sie verbeugten sich höflich voreinander und dann ging es los. Jeder versuchte den anderen zu packen und mit einem Trick zu Boden zu befördern. Die Füße bemühten sich eifrig, die Standfestigkeit des Kontrahenten zu stören. Die Körper prallten aneinander, bis es einem der beiden gelang, die Gegenwehr des anderen zu übertrumpfen und mit einem Wurf über die Schulter, den Rücken, über die Hüfte, einen Arm oder über ein Bein, den Feind mit einem lauten Knall auf die Matte zu zwingen. Das musste wehtun! Manche Kämpfer flohen über die Markierung des Kampffeldes hinaus vor dem Gegner. Diese Feiglinge.

Auch das Aussehen der Sportler litt mit zunehmender Zeit. Verstrubbelte Haare, verschwitzt, das Oberteil hing, unter dem Gürtel hervorgezogen, offen über den Schultern herab und Brust und Bauch der Kämpfenden waren entblößt und manche waren schwarz behaart; manchmal hielten sie sich auch so ungeschickt an den Hosen fest, dass sie verrutschte und der blanke Po zu sehen war.

Die offiziellen, wichtigen Kämpfe waren für uns alle sehr bedeutend und wir verfolgten als Zuschauer im Hof des Marstalles, wie mein Onkel die höchste Auszeichnung, den schwarzen Gürtel errang. Von da an trainierte er die Clubmitglieder und bastelte zu Hause an Plakaten für den Schaukasten neben den Räumen des Vereins. Dabei trank er ein Bierchen. Wir waren stolz auf ihn.

Er war selten aus der Ruhe zu bringen und wirkte auch beruhigend auf meine Großmutter, die, außer sich vor Zorn über meine Dummheit bei der Bewältigung von schulischen Textaufgaben, meinte, sie müsse mir die Weisheit einprügeln. Nicht selten schickte er sie dann hinaus, setzte sich zu der Heulenden an den Küchentisch und erklärte mit viel Geduld und leiser Stimme, worauf es ankam. „Hast du es jetzt verstanden?“ – Na also, es ging doch. Und dann malte er mir noch ein Bild, ein Wikingerschiff auf dem stürmischen Meer oder ein Bauernhaus auf der Alm mit Steinen auf dem Dach. In der Schule hatten wir nun Heimatkunde und an der Tafel hatte die Lehrerin nette Bilder dazu gemalt: das Heidelberger Schloss, den Perkeo, den sich in vielen Windungen schlängelnden Flusslauf des Neckars, aber so schön, wie Onkel Wolfi, malte keiner.

Er gab sein technisches Wissen an mich weiter und so war ich schon sehr früh in der Lage, zum Beispiel ein Haus perspektivisch zu zeichnen. In der Schule glotzten die anderen nur blöd.

Ach, die Schule! Ich musste mich anstrengen. Im Rechnen drohte mir eine Drei. Herr Burkhard unterrichtete dieses Fach, ohne irgendeine Rücksicht. Der Gipfel aber war, er verbrannte mich mit seiner Zigarre, als ich ihm in der Pause begegnete. Da stand er rauchend und blockierte breitbeinig den Weg im Schulhaus. Als ich mich an ihm vorbeidrücken wollte, berührte er meine Wange mit der heißen Asche.

Meine Großmutter beschwerte sich bei ihm. Von da an war an eine bessere Note überhaupt nicht mehr zu denken. Ich war für ihn Luft!

Aber zum Glück war Frau Gold meine Klassenlehrerin. Sie war immer schick angezogen, trug meistens hochhackige Schuhe und einen engen schwarzen Rock. Kurz vor dem Läuten zur Beendigung der letzten Schulstunde öffnete sie den Klassenzimmerschrank, schaute in den auf der Rückseite der Schranktür angebrachten Spiegel und stupste mit den Handflächen die Spitzen ihres schwarzen, schulterlangen Haares nach innen. Und nachdem sie noch einmal einen prüfenden Blick auf die weggespreizten Waden warf, richtete sie sich erleichtert auf: Keine Laufmasche in den Perlonstrümpfen.

Diese Dinger waren aber auch empfindlich. Oft musste ich einen Strumpf für Mutti zur Reparatur wegbringen. Beim Kraus saßen zwei Damen, die durch einen Vergrößerungsspiegel schauend mit häkelnadelartigen Geräten die weggelaufenen Maschen wieder einfingen. Jede Laufmasche kostete Geld. Da hat Frau Gold Glück gehabt.

Nicht selten, gerade mit der Überprüfung ihres Aussehens fertig, öffnete sich die Klassenzimmertür und Herr Schaal betrat den Raum. Er hatte weiße Haare, sah aber sonst noch gar nicht so alt aus. „Guten Morgen, Kinder!“ Wir standen kerzengerade neben den Schulbänken und riefen einstimmig: „Guten Morgen, Herr Direktor!“ „Setzen!“ Dann wandte er sich Frau Gold zu. Während sie miteinander etwas Wichtiges zu flüstern hatten, stand er immer ganz nahe bei ihr.

Einmal sah ich sie auf der Straße spazieren gehen. Sie hielten sich an den Händen. „Das ist ja unerhört!", entrüstete sich meine Großmutter, „der Mann ist verheiratet."

Verheiratete Männer schienen ein Problem zu sein. Auch für meine Mutter.

Mutti war es tatsächlich gelungen, einen neuen Arbeitsplatz zu bekommen. Eine Leistungsüberprüfung hatte sie mit Bravour bestanden. Nun fuhr sie jeden Tag mit der OEG nach Mannheim. Morgens bekam ich sie nicht mehr zu Gesicht, denn sie ging schon sehr früh aus dem Haus. Sechs Uhr zeigte die Uhr am Römerplatz an, wenn ich am späten Nachmittag dort an der Haltestelle stand und die Gleise entlangschaute. Die Heidelberger Straßenbahnen waren hellblau, die Bahnen der Oberrheinischen Elektrizitäts-Gesellschaft braun. Ja, braun, jetzt kommt sie. Viele Wagen hingen aneinander. Aus welchem stieg sie aus? Die Bahn hielt, die Türen öffneten sich und viele, viele Menschen strömten heraus; meistens Männer in ärmlicher Kleidung, mit müden Gesichtern. Da war sie. „Mutti!", lief ich ihr winkend entgegen. „Ach, Püppi!" Sie nahm mich an die Hand. So richtig freute sie sich gar nicht. Sie sei fix und fertig.

Und auch sonst war mit ihr nichts anzufangen. Sie brauche ihre Ruhe. Dazu schaltete sie das Radiogerät ein, aus dem von sieben bis acht beruhigende Feierabendmusik klang, von Gershwin, Ravel und Glenn Miller, ohne Text, zum Einschlafen. Da durfte ich noch ein bisschen zu Bernhard.

Seine Mutter arbeitete jetzt als Platzanweiserin im Kino Rex, das gleich neben dem Odeon lag. Er war viel allein. Aber sie hatten dafür nun auch einen Musikschrank, sogar mit einem Zehn-Platten-Wechsler! So eine moderne Musik war bei uns höchstens samstags zwischen 12 und 13 Uhr im Radio zu hören und wurde ständig durch Werbelieder unterbrochen. ‚Die süßesten Früchte fressen nur die großen Tiere' – ‚Wer es kennt, nimmt Kukident' – ‚Anneliese, ach Anneliese, warum ...?'.

Bernhard legte immer und immer die selben Schlager auf und wir konnten sie alle auswendig: ‚Rote Rosen, rote Lippen, roter Wein', ‚Dreh dich noch einmal um', ‚Jambalaya', ‚Bella Bimba', ‚Vaya Con Dios'.

Dazu spielten wir Halma, Fang den Hut, Mühle, Mensch ärgere dich nicht oder Karten. Einmal, beim Siebzehn-und-vier-

Spiel, als Bernhard mich mit einem „Hosen runter!" zum Aufdecken meines Blattes aufforderte, stürzte meine Mutter überraschend, völlig hysterisch, ins Zimmer: „Du kommst auf der Stelle nach Hause!", schrie sie. Wieso? Das verstand ich überhaupt nicht. Vom Kartenspielen hatte sie wohl keine Ahnung.

Sie wurde mir immer fremder.

Nach ihren Umarmungen sehnte ich mich nur noch, wenn ich krank war.

Regelmäßig einmal im Jahr, im Sommer, bekam ich Angina. Meistens in den Ferien. Eine Woche im Bett. Zunächst mit schrecklichen Halsschmerzen und hohem Fieber.

Unser Kinderarzt Dr. Jander in der Kaiserstraße wurde gerufen. Er war hauptsächlich fürs Impfen gegen Scharlach, Diphtherie und Pocken zuständig. Mumps und Masern musste ich, genau wie Windpocken, über mich ergehen lassen. Auf Wunsch meiner Mutter wurde ich von ihm unter der Brust geritzt, denn sie wollte mir die verunstaltenden Pocken-Narben am Oberarm, die ihr selbst zugefügt worden waren, ersparen.

„Haben sie einen Kaffeelöffel?", fragte Herr Doktor meine über das hohe Fieber ihres Enkelkindes besorgte Großmutter und nahm einen Gummischlauch, der sich wie eine Zange in zwei Hälften teilte, aus seiner ledernen Tasche. Er steckte sich die Enden der Zange in die Ohren und drückte mir unter meinem Nachthemd die kleine, eiskalte Metallplatte am Ende des Schlauches auf Brust und Rücken. Immer wieder an einer anderen Stelle und ich sollte dabei tief ein- und ausatmen. Danach betastete er meinen Hals rechts und links.

Der Kaffeelöffel war da und ich musste den Mund weit öffnen, die Zunge herausstrecken und anhaltend „AAAAA" sagen, damit er in mich hineinsehen konnte. Mit einer kleinen Lampe leuchtete er mir in den Hals und, um bessere Sicht zu haben, drückte er mit dem Löffel weit hinten im Gaumen meine Zunge herunter. Mich würgte es einen kurzen Moment, dann war das Unangenehmste vorbei. „Ganz ordentlich!"

Omi musste in die Apotheke.

Wieder an meinem Bett schüttelte sie die Flasche, schraubte den Verschluss ab, goss vorsichtig eine gelbe klebrige Brühe voll kleiner Bläschen in einen Esslöffel und balancierte mir die Arznei entgegen. „Mund auf!" Und sie versicherte mir: „Schmeckt gut, nach Apfelsine." Na ja, schnell einen Schluck Wasser hinterher. Auf jeden Fall besser als der Gesundheit spendende Lebertran, dessen Einnahme hin und wieder Pflicht war.

Doch die Wirkung dieser Medizin war verblüffend. Musste meine Mutter noch am ersten Tag abends an meinem Bett sitzen, das weinerliche Geschöpf streicheln und ihm ab und zu ihre kühlen Hände auf sein heißes Gesicht legen, bedurfte es am zweiten Tag schon keiner Zärtlichkeiten mehr. Es genügte, wenn sie mir etwas vorlas.

Am dritten Tag war dann die Krankheit überstanden. Herr Doktor schaute noch mal kurz herein, ließ mich kleine weiße Kügelchen lutschen und versprach mir gute Besserung. Im Bett musste ich trotzdem bleiben, um keinen Rückfall zu bekommen.

Omi hatte ganz schön zu rennen, um meine Wünsche zu erfüllen. Sie brachte mir Spielsachen, tauschte sie aus, räumte sie wieder weg, stillte meinen Durst, kochte mir ein Süppchen, stampfte Kartoffelbrei, damit ich beim Schlucken keine Schwierigkeiten hatte, stopfte mir zum bequemeren Sitzen die Couchkissen hinter den Rücken, überraschte mich nach dem Einkaufen mit neuen Rosenbildern, Ausschneidepüppchen und Malbüchern.

Kranksein ist gar nicht so schlecht. Ich wurde richtig verwöhnt. Nur manchmal, wenn nicht schnell genug auf mein Rufen reagiert wurde, musste ich ermahnt werden: „Bleibst du gefälligst im Bett!"

Es gab aber auch Zeiten, wo der Verbleib im Bett nicht kontrolliert wurde.

Seit sich Muttis Monatslohn verbessert hatte, ging man etwas lockerer mit den Finanzen um.

Omi und Mutti gingen gelegentlich aus. Am Abend, wenn es draußen schon dunkel war.

Mit dem Versprechen, bald wieder da zu sein und mir etwas mitzubringen, beruhigte man mich und ließ mich allein. Sie gingen ins Kino. Praktisch wäre der Besuch nebenan gewesen, das hätte ihre Abwesenheit verkürzt. Aber das Programmangebot war unter ihrem Niveau. „Diese grauenhaften Heimatfilme!"

Mir gefielen sie. ‚*Grün ist die Heide*', ‚*Heimat, deine Sterne*', ‚*Der Förster vom Silberwald*', ‚*Die Mühle im Schwarzwälder Tal*'. Allein ‚*Schwarzwaldmädel*' habe ich, Dank dem Hausmeister, sieben Mal gesehen.

Nein, sie gingen ins Odeon in der Hauptstraße oder ins Schloss- Kino ihm gegenüber.

Noch in der Nacht erfuhr ich, dass sie wieder da seien, wurde gestreichelt und mit einem ‚Schlaf schön weiter' besänftigt. Die Wiedergutmachung war neben einem Rest Schokolade immer das Programmheft zum gesehenen Hochgenuss, auf das ich mich gleich nach dem Aufwachen am Morgen stürzte. Mich verwunderten die seltsamen Titel, wie ‚*Endstation Sehnsucht*', ‚*Die Faust im Nacken*', ‚*Verdammt in alle Ewigkeit*', ‚*Lohn der Angst*' und ich sog die düsteren Bilder gierig in mich auf.

‚Freigegeben ab 18 Jahren', stand zumeist auf der Rückseite.

Ich sammelte die Programme und hatte schon eine ganze Schuhschachtel voll.

Das Alleinsein zuvor war überwunden.

An manchen Abenden war ich sowieso, müde vom Tag, gleich nach der Verabschiedung eingeschlafen, aber manchmal geriet ich auch in Aufregung. Meist dann, wenn sich ungewöhnliche weiße Streifen über Wand und Tür der Schlafkammer legten. Das Mondlicht zwängte sich durch die Ritzen des zur Verdunkelung dienenden, einflügeligen, zugezogenen Fensterladens aus dicken Holzbrettern. Ich war dann unruhiger als sonst, hellwach.

Einmal hörte ich Stimmen. Direkt vor unserem Fenster. Wer war das? Durch die schmalen Holzspalten konnte man nichts sehen. Ich turnte wieder ins Bett. Lachen. Kannte ich die Personen? Vielleicht konnte ich etwas erkennen, wenn ich meine Augen ganz nah an die Schlitze drückte? Nichts. Ich kletterte wieder über die Stäbe zurück und steckte die kalt gewordenen Füße in mein noch warmes Bett. Ich konnte das Flüstern unterscheiden, eine Frau und ein Mann. Was sprachen sie? Ich presste meine Ohren an die Ritzen des Ladens. Stille. Waren sie noch da? Ja, der Kiesboden knirschte. Was machten die da? Es war nichts mehr zu hören. Oder? War das ein Reißverschluss? Ein Scharren über den Boden? Atmen? Ach, es hatte keinen Sinn, ich krabbelte wieder in die Kissen. Das folgende Stöhnen hörte ich nur noch, als ob es ganz weit weg wäre, bevor ich endlich einschlief.

Manchmal wachte ich aber nachts auch auf. „Omi, bist du da?“, rief ich dann im stockfinsteren Raum in die Richtung des Bettes meiner Großmutter. Aber ich hätte nicht zu fragen brauchen. Wäre sie da gewesen, hätte ich das vertraute laute, gleichmäßige Schnarchen von ihr gehört, das mich nur dann verunsicherte, wenn es zwischendurch stoppte. Welche Erleichterung, wenn es kurz darauf kräftiger als je zuvor wieder einsetzte!

Mir blieb nichts anderes übrig, als mich umzudrehen und weiterzuschlafen. Und wenn mir zu heiß war, steckte ich ein nacktes Bein zwischen die Gitterstäbe in den Raum.

Nachdem dann die Erwachsenen wieder heimgekehrt waren, musste meistens meine Lage korrigiert werden. Was hatte mein Kopf am Fußende verloren? Oder ich wurde nur verzückt betrachtet. „Guck mal, wie süß, wie ein Engelchen!“, hörte ich bei geschlossenen Augenlidern meine Mutter.

„Psst! Lass sie schlafen!“

Aber so oft gingen sie nicht ins Kino oder auf einen Elternabend, sodass Nächte in völliger Einsamkeit selten vorkamen. Zumindest Omi war fast immer da. Auf sie konnte ich mich verlassen.

Wenn ich einschlief, ratterte die Nähmaschine an meinem Kopfende und die Lampe, die ihr Licht zur Arbeit spendete, war mit Rücksicht auf mich zu meiner Seite hin mit einem Tuch abgedeckt.

Sie knipste das Licht über ihrem Bett an, damit ich nicht in der Dunkelheit nach dem Nachttopf, der immer unter ihrem Bett bereitstand, suchen musste.

Befiel mich quälender Schluckauf, bereitete sie mir ein wohlschmeckendes, schäumendes Getränk aus Wasser, einem Spritzer Zitrone und einer Messerspitze Natron. Wenn das nicht half, versuchte ich es mit einem Löffel Zucker und sechs Mal Schlucken ohne zu atmen.

Hatte ich Durst, brachte sie mir ein Glas Leitungswasser. Sie massierte mir die schmerzenden Beine, wenn sie wuchsen. Beim Schlafwandeln erschreckte sie mich nicht, sondern dirigierte mich mit beruhigender Stimme wieder zur Schlafstätte. Einmal soll ich um Mitternacht unter ihrem Bett nach meinem Fußball gesucht haben, einem Geburtstagsgeschenk von Onkel Wolfi aus echtem braunen Leder, das Tag und Nacht von mir gehütet wurde.

Nur das Kauderwelsch, das ich nachts von mir gäbe, wisse sie nicht zu übersetzen. Ich müsse wohl schon einmal gelebt haben. Ihre Vorfahren waren Hugenotten aus Frankreich. Aber Französisch war das nicht, eher chinesisch, wunderte sie sich.

Mutti konnte sich nicht so sehr kümmern, sie musste sich abends schonen. Das machte mir nichts, sie war eh nur schlecht gelaunt. Sie beklagte sich über den langen Arbeitstag und die ungepflegten Arbeiter in der OEG.

„Warum schaffst du dir nicht ein Auto an?“, fragte mein stets praktisch denkender Onkel Wolfi. Aber man konnte ihr alles Mögliche vorschlagen. Es war ihr nichts recht. Vielleicht half ja noch einmal ein Urlaub?

Sie fuhr wieder nach Italien. Inzwischen waren ihre Sprachkenntnisse so vollkommen, dass sie ohne Probleme ‚*Die göttliche Komödie*‘ von Dante im Original lesen konnte.

Kein Wunder, dass sie sofort mit den Italienern ins Gespräch kam. Diesmal in Florenz, von dessen Schönheit sie zu Hause schwärmte.

Sie brachte Kochrezepte mit, die Omi sofort in ihr rotes, in Leinen gebundenes Buch schrieb, gleich hinter den verschiedenen Käsekuchen-Rezepten ihrer Freundinnen und den Aufzeichnungen ihrer Weihnachtserfahrungen von 1953. Italienische Gerichte: Pasta Asciutta, Neapolitanische Pizza, Mailänder Minestra, Ravioli und Sizilianisches Risotto.

Und dann die Schuhe! „Die Italiener machen die besten Schuhe! Aus weichstem Leder!“ Aber diesmal brachte sie völlig offene Sommerschuhe mit, mit einem solch hohen Absatz, dass man nur noch auf den Zehenspitzen zu laufen schien. Die Laufunterlage war aus Holz, über den Zehen gehalten von einem einzigen breiten Lederband, das mit bronzefarbenen Nieten seitlich an der Sohle festgenagelt war. Auch an mich hatte sie gedacht, mein Exemplar hatte allerdings nur einen kleinen Absatz, aber es klapperte genauso laut.

Leider verursachte das Hängenbleiben mit dem Absatz meinen Handbruch. Schönheit muss eben leiden.

Auch Enrico war schön, mit italienischem Profil. Sie schrieben sich Briefe, in immer größeren Abständen. Irgendwann beendete meine Mutter den Briefwechsel. Das war auch nichts. Der Alltag hatte sie wieder.

Aber sie war in Italien gewesen. In unserem Haus war sie die Einzige. Kaum einer in unserer Umgebung konnte sich so eine Fahrt leisten.

Bisher verbrachte ich meine Sommerferien immer zu Hause. Einmal in der Woche ging ich mit Omi zum Markt auf dem Wrede-Platz. Wohlgelaunt sang sie laut in der Küche: „Geh aus mein Herz und suche Freud' in dieser schönen Sommerzeit …" und die Melodie summend machten wir uns auf den Weg, sie mit einem großen, ich mit einem kleinen Korb, einem Mitbringsel aus Italien.

Vor der St. Anna Kirche in der Plöck hielten wir an, stiegen die steilen Treppen empor und betraten durch eine große dunkelbraune Holztür den heiligen Raum. Ich durfte nicht sprechen. Es war duster. In den dunklen langen Holzbankreihen knieten vereinzelt alte Menschen, manche murmelten leiernd vor sich her und drehten dabei ununterbrochen Perlenketten zwischen ihren krumpeligen Fingern, andere hatten die Handflächen katholisch aneinandergelegt. Omi verschränkte jedoch ihre Finger ineinander und ich machte es ihr nach, so verharrten wir kurze Zeit nebeneinander vor dem Altar, auf dem zwei riesenlange Kerzen mit ruhiger Flamme den sich vor Schmerzen krümmenden Jesus am Kreuz beleuchteten, dem, von einer Dornenkrone gestochen, das Blut über das Gesicht lief. Beim Verlassen der Kirche durfte ich nicht rennen, ich kam schon früh genug wieder hinaus ins helle Sonnenlicht.

Ecke Plöck und Akademiestraße war unser Ziel erreicht. Markt. Welche Farbenpracht! Die vielen Blumen! Hohe Berge von Obst und Gemüse auf hölzernen Klapptischen. Darüber spannten sich bunte Sonnenschirme. Ein Gewimmel von Menschen. Und wie es duftete! Nach Rosen, Äpfeln, Sellerie, Fisch, Muskat, Kümmel, Nelken, Käse, Eukalyptus, Zimt, Dill, Petersilie und Bananen. „Willst du eine?" Ich schälte sie mit Bedacht, stückchenweise, gerade immer nur so viel, wie ich abbeißen wollte. Genüsslich führte ich mir diese köstliche Frucht noch auf dem Markt zu Gemüte und drückte den zerkauten Bananenbrei dabei durch die Zahnlücken, bevor ich ihn hinunterschluckte.

Wir schritten die einzelnen Reihen sorgfältig immer zweimal ab. Auf dem Hinweg betrachteten wir die Waren rechts, auf dem Rückweg die Waren links.

Meine Großmutter verglich die Angebote. Manchmal wurde es zum Sparen erforderlich, noch einmal zurückzugehen, aber meistens hatte meine Großmutter ihre bestimmten Stellen zum Einkaufen. Sie wusste genau, an welchem Stand Kartoffeln am preisgünstigsten waren, wo der Rettich makellos weiß war, welche Blumen direkt vom Bauern kamen. Manchmal entschied auch eine Kostprobe die Wahl, bevor sie sich für eine Kirsch- oder Weintraubensorte entschied. „Ja, schön süß, ein Pfund bitte."

Doch die letzte Reihe dieses großen Wochenmarktes, in der wir am Eckstand frische Eier besorgten, durchschritten wir danach immer recht schnell. Hier roch es übel. Lebende Tiere wurden angeboten. Die armen Viecher! Nur nicht hinschauen.

Wenn es sehr heiß war und die Zeit es erlaubte, machten wir zum Abschluss, mit unseren Körben beladen, noch einen Abstecher über die Märzgasse zur Hauptstraße und landeten im Fontanella, einer Eisdiele.

„Zwei kleine Eis, bitte. Gemischt, einmal mit Sahne."

Hinter einer hohen Theke mit vielen runden Öffnungen tauchte ein braungebrannter Mann in schneeweißem Hemd und schwarzer Fliege, mit pechschwarzen Haaren und Augen blitzschnell mit einem Spachtel in der Hand mal in das eine Loch, mal in das andere, streifte den Spachtel, an dem danach jedes Mal, wenn er wieder zum Vorschein kam, anders farbiges Eis klebte, am Rand des Eisbechers ab, den er in der linken Hand bereit hielt. Immer wieder, bis sich das Eis bunt gestreift in einer Halbkugel über dem Becher wölbte. Und während er eines der Gebilde mit gerillter Schlagsahne aus einer röhrenden, silbernen Maschine krönte, sang er fröhlich: „Oh, sole mio", setzte die Bestellung mit ausholender Bewegung auf ein ovales Tablett, das ein anderer, fast gleich aussehender junger Mann entgegennahm, mit elegantem, schwungvollen Schritt an unseren Tisch trat und uns die heiß erwartete Erfrischung kredenzte. „Prego!"

Ich bekam von Omis Sahne einen Klacks ab und zitterte bald mit meinem Eisbauch und meinen vom Halten des Bechers gekühlten Fingern. Ihr half gegen die Kälte eine Tasse Kaffee. Mir rieb sie die eiskalten Hände. „Besser?“ Wir beeilten uns auf dem Heimweg. Da war es mir wieder warm.

Heinz erbarmte sich manchmal, mit mir Federball zu spielen.

In den Sommerferien war es bisher weniger aufregend als in der Schulzeit. Einige meiner Spielkameraden verschwanden zu Verwandten auf das Land.

Wölfel war mit den Pfadfindern unterwegs. Nur Heinz Blosert, er wohnte mit seiner Mutter neben Familie Sammetz, kam aus dem Internat. Er war mindestens fünf Jahre älter als ich und erbarmte sich manchmal, mit mir Federball zu spielen, wenn Bernhard keine Lust hatte.

Onkel Wolfi regte an, vom Angebot der Arbeiterwohlfahrt Gebrauch zu machen. Mit Hilfe der Amerikaner sei eine Erholungsstätte für die Kinder in der Stadt in der Nähe des Bierhelderhofs eingerichtet worden. Die Organisation spendiere den Bedürftigen sogar Essen und auch die Beförderung sei kostenlos.

Dieses Angebot wurde angenommen. Von montags bis samstags war ich nun vier Wochen lang tagsüber im Wald.

Morgens wartete um 8 Uhr ein großer Linienbus an der Haltestelle. Mit ihm und einem Betreuer fuhren die Kinder aus dem Stadtteil Bergheim. Neugierig schauten sie mir durch die Scheiben entgegen.

Ich wurde hineingereicht. „Viel Spaß! Bis heute Abend."

In den anderen Stadtteilen wurden die Kinder ebenso abgeholt. Am Steigerweg, bevor es den Gaisberg hinaufging, war Zwischenstopp, mit der Möglichkeit der Absprache unter den Busfahrern. Die Älteren hatten hier Gelegenheit, statt der bequemen Fahrt einen längeren Fußmarsch in Begleitung eines Erwachsenen anzutreten. In vielen schmalen Kurven wand sich der Bus bis zum Ziel durch den Wald.

„Endstation, alles aussteigen. Ihr geht mit mir!", befahl ein kräftiger junger Mann. Brav folgten wir ihm auf einem schmalen Trampelpfad in den Wald.

Wir hatten nicht lange zu laufen, da standen wir vor dem weit geöffneten Eingangstor des mit Drahtzaun umzäumten Feriengeländes. Gleich links vor einem flachen, langen Gebäude hatten wir uns zu sammeln: viele, viele Kinder, aus der Altstadt, der Weststadt, Neuenheim, Handschuhsheim, Rohrbach, Kirchheim, Pfaffengrund, Wieblingen.

Eine blonde Frau, groß, schmal, hellgraues Kleid mit weißer Schürze, verlas mit starker Stimme unsere Namen und teilte uns in Gruppen auf. Alle mussten auf sie hören. Sie war die Anführerin. Tante Helga.

Meine Gruppe bestand aus 14 Kindern.

Vor uns lag ein großer runder, von Zelten umsäumter Platz, in dessen Mitte eine lange Stange mit Schnüren hoch hinauf in den Himmel ragte. Jede Gruppe hatte ihr eigenes Zuhause: ein großes amerikanisches Militärzelt. Bretterboden. Für jeden ein oliv-grünes Feldbett mit einer grauen, am Anfang und Ende mit braunen Streifen versehenen, kratzigen, vermodert stinkenden Wolldecke. Ordentlich gefaltet, am Fußende. Das von jedem mitzubringende Laken und Kopfkissen, Omi hatte meine Sachen an einer Ecke ganz unauffällig mit den Buchstaben MS gekennzeichnet, bestimmte für den weiteren Aufenthalt die Besitzverhältnisse. Wehe, es machte sich einmal einer auf dem falschen Bett zu schaffen. „Das ist mein Platz!!!"

Um die späteren Strapazen bewältigen zu können, gab es zuerst einmal Frühstück. Dafür waren in zwei riesigen Zelten vor dem Haupthaus Tische und Bänke aufgestellt. Für jeden wartete bereits ein Brötchen auf einem Teller und eine umgestülpte Tasse aus schwerem weißen Steingut. In sie konnte man sich aus blechernen Kannen entweder warmen Kakao oder Pfefferminztee füllen lassen. Soviel man wollte. Und die allzu Hungrigen bekamen sogar noch ein zweites Brötchen. An manchen Tagen gab es stattdessen dunkles Brot mit Pflaumenmus.

Die Vormittage gingen schnell vorbei. Jede Gruppe dachte sich einen eigenen Namen aus: Wieblinger Grashüpfer, Altstädter Cowboys, Rohrbacher Hasen. Wir waren die Bergheimer Indianer, ich ‚Klein Adlerauge'. Von nun an trug ich ein aus Bast geflochtenes Stirnband, an dem am Hinterkopf eine lange braune Vogelfeder befestigt war. Dieser ausgefallenen Kopfschmuck machte mich schnell im Lager bekannt. Nur ein einziges Mal versuchte ein Feind beim Mittagessen meinen Stolz vom Kopf zu rauben. Im Umgang mit Jungen war ich aber geübt. Er tat es nie wieder.

Das Mittagessen war immer reichlich. Mehrere Frauen hatten es am Vormittag im Haus vorbereitet: Kartoffeln und ein Scheibchen Fleisch in viel Maggi-Soße, Gemüse; Abwechslung brachte ein fein geschnittener Endiviensalat mit winzigen roten Pünktchen, ursprünglich Tomaten. Zum Nachtisch gab es ein Stück Obst. Den Durst konnte man mit kaltem Tee stillen.

Von 13 bis 14 Uhr war Mittagsruhe. Zu meinem Leidwesen herrschte über dem gesamten Platz tatsächlich Ruhe. Wir mussten, ob wir wollten oder nicht, im stickigen Zelt auf unseren Pritschen liegen und so tun, als ob wir schliefen. Nicht einmal lesen durfte man. „Keiner redet! Augen zu!", befahl die weibliche Gruppenaufsichtsperson, die ebenfalls im Zelt ruhte.

Nur einige Dumme hielten sich nicht daran. Während wir später draußen spielten, hatten die dann Küchendienst. Selbst schuld.

Wenn man die Augen eine Weile schließt, kann es tatsächlich passieren, dass man einschläft. Dementsprechend benommen ist man, wenn nach der erzwungenen Mittagsruhe der Weg zum Essenszelt zurückgelegt werden muss. Dort lachten uns aber schon saftige Schneckennudeln mit vielen Rosinen oder Streuselkuchenschnitten entgegen und man war schnell wieder wach.

Der Nachmittag war ausgefüllt mit Spielen, Wandern, Basteln und Proben für die Abschlussfeier.

An heißen Tagen durften die Schwimmer das Schwimmbecken benutzen, das neben dem Zeltplatz in den Boden eingelassen war. Manchmal mussten auch alle wieder raus aus dem Wasser und wurden zu Zuschauern, dann gaben einige Jungen mit Wasserballspielen an. Von oben konnte man genau sehen, wie sie sich heimlich unter Wasser gegenseitig bekämpften. Sehr geschickt, verborgen den Blicken des Schiedsrichters. Heimliches Treten, Festhalten an der Badehose, Umklammern der zu schwimmen bemühten gegnerischen Beine, während man an der Wasseroberfläche versuchte den Ball zu ergattern. So mancher tauchte dabei unfreiwillig ab. Aber wer ein guter Schwimmer war, kam gleich wieder nach oben, schnappte nach Luft, schüttelte die nassen Haare und weiter ging es.

Bei seltenem Regenwetter vertrieben sich die Vernünftigen im trockenen Zelt vereinzelt mit einem spannenden Buch die Zeit, andere spielten trotzdem draußen, denn sie liebten es, wie aus dem Wasser gezogen zu sein.

Pünktlich um 17 Uhr trat Tante Helga aus dem Haus. Vor ihrer Brust hing ein silbern verziertes Akkordeon. Während sie darauf spielte, schritt sie an den Zelten vorbei, wo sich die Teilnehmer mit ihren Betreuer bereits aufgestellt hatten und ihr nun folgten. Als ob sie ‚Der Rattenfänger von Hameln' sei, sammelte sie uns alle ein und führte ihren Rattenschwanz zur Mitte des Platzes, auf dem wir uns im weiten Kreis um die Stange niederließen. Zwei ausgesucht starke Jungen zogen an den Schnüren des Mastes zwei Fahnen nach oben: schwarz-rot-gelb und blau-weiß-rot mit Streifen und Sternchen.

Tante Helga stand in der Mitte und wir warteten gespannt. Es war mucksmäuschen still. Dann begann sie, uns vorzusingen, immer eine Zeile, worauf jede Gruppe es ihr nachmachen musste. „Und nun alle zusammen!", spornte sie uns an und unterstützte unseren manchmal zu versiegen drohenden Gesang mit dem gekonnten Spiel auf ihrem Musikinstrument. Wir übten jeden Abend und manche Lieder – nach vier Wochen überraschten wir die eingeladenen Eltern mit dem perfekten Vortrag von ‚Im Frühtau zu Berge ...', ‚Ein Mann, der sich Kolumbus nannt', widewidewitt bumbum ...', ‚Wenn wir erklimmen schwindelnde Höhen ...', ‚Am Brunnen vor dem Tore', ‚Wenn alle Brünnlein fließen ...' , ‚Hoch auf dem gelben Wagen', ‚Muss i denn, muss i denn zum Städtele hinaus ...' – schmetterten wir sogar zweistimmig zu den Fahnen hoch im Himmel.

Die Sonne hatte sich schon hinter den Baumwipfeln versteckt. Wehmütig war es mir zu Mute, wenn wir zum Ausklang leise und zart ‚Kein schöner Land in dieser Zeit ...' sangen. Der schöne Tag war zu Ende. Müde traten wir den Rückweg zu den wartenden Bussen am Ehrenfriedhof an, vorbei an weiten blühenden Wiesen, und die Abendsonne wärmte noch ein bisschen.

Zuhause erwartete mich jeden Abend ein Teller mit verschiedenen Früchten: Pfirsich, Birne, Aprikose, Zwetschge und manchmal versteckt eine Mirabelle. Schöner konnten Ferien nicht sein!

Den Samstag im Lager hätte man sich allerdings sparen können. Er dauerte nur einen Vormittag. Großputz war dann angesagt. Die Zelte wurden vom im Laufe der Woche angesammelten Müll befreit. Alles musste nach draußen geschleift werden. Zu zweit schüttelte man die Decken aus. Die Staubwolken kitzelten in der Nase und hinterließen Spuren im Haar. Die Feldbetten wurden feucht abgewischt und zum Trocknen in die Sonne gestellt. Die Bodenbretter mussten gekehrt und danach mit Schrubber und Putzlappen bearbeitet werden. Danach war das Mobiliar wieder hineinzuräumen, während die persönlichen Dinge über das Wochenende mit nach Hause genommen werden mussten.

Zum Abschluss gab es Erbsensuppe mit Bockwurst, eine undefinierbare graugrüne Pampe mit einem widerlichen wabbeligen Ding, das beim Hineinstechen widerspenstig aus dem Weg zu gehen versuchte und schon beim ersten Biss Übelkeit verursachte.

Am Nachmittag machte mir dann Omi ein kräftigendes großes Marmeladenbrot, nicht so einen dicken Keil, wie Bernhard ihn oft aß, nachdem er sich, das Brot an die Brust haltend, ein Stück davon abgesäbelt hatte, sondern gleichmäßig auf dem Brett geschnitten.

Das Abschlussfest fand nach vier Wochen sonntags statt. Um 15 Uhr war Einlass für die Eltern. Sie sollten sich überzeugen können, wie gut es uns die Ferienzeit über gegangen war.

Auf dem Platz hatten wir für sie Bänke aufgestellt, damit sie bequem sitzend unsere lange geübten Darbietungen verfolgen konnten. Wir gaben uns alle große Mühe. Wir waren geschminkt und kostümiert und furchtbar aufgeregt. Es wurde gesungen, getanzt, geturnt, musiziert, vorgetragen und Theater gespielt. Immer wieder klatschte das Publikum begeistert.

Unsere Zelte hatten wir mit unzähligen bunten Krepppapierblumen und Bändern geschmückt. Über den Eingängen konnte man auf großen Plakatkartons unsere Namen lesen. „Guck, das ist unser Zelt“, zog ich meine Mutter an der Hand. Sie hatte Schwierigkeiten mir über den abgeschabten Rasenplatz zu folgen, mit ihren eleganten italienischen Stöckelschuhen.

Nach der Vorstellung gab es für uns, unsere Eltern, Verwandte und Freunde Kaffee und Kuchen, heiße Wurst mit Brot und Bier. „Is do noch frei?“ „A her, kumm, mä ricke zusommä, do konsch disch hiehockä.“ Es wurde lautstark erzählt und gelacht. Alle waren gut gelaunt.

Nur meine Mutter war komisch. „Entsetzlich, dieses Volk!“, verdrehte sie die Augen.

Omi und Onkel Wolfi fanden jedoch, dass die frische Luft mir gut täte und so verbrachte ich, entgegen einiger Bedenken meiner Mutter, noch dreimal meine Ferien auf dem Bierhelderhof. Na ja, es kostete ja nichts.

„Du brauchst nicht mitzukommen“, nahm ich jedes Mal beim Abschlussfest Rücksicht auf Mutti und war froh, mit meinen neuen Freunden ohne sie feiern zu können.

Nach der Erholung tobte ich wieder wie gewohnt mit meinen Spielkameraden in der Bergheimer Straße. Der Fahrbetrieb auf dem Bahngelände verringerte sich. Es sollte ein neuer Bahnhof gebaut werden. Die Güterzüge waren bereits auf ein neues Gelände hinter der Dreibogenbrücke umgeleitet worden. Nur noch wenige Gleisstränge wurden von Personenzügen befahren und es begannen sich allerlei Gräser zwischen den verlassenen Schienen auszubreiten.

Für uns war dies eine gute Gelegenheit, unsere Spielgründe zu erweitern. Wir trampelten uns Laufstrecken zurecht und maßen uns im 50-Meter-Lauf oder Weitsprung. Aus der Holzwolle und dem Stroh der Firma Entenmann bauten wir uns Iglus, die miteinander durch Gänge verbunden waren.

Nun hatten wir auch Möglichkeiten, von der Rückseite in die Gärten der Nachbarhäuser einzudringen. Bisher waren wir zu sechst auf zwei Fahrrädern in die bei Rohrbach liegenden Felder eingefallen und hatten dort im Juni wie die Stare die Kirschbäume belagert; nur vor dem Feldschütz hatte man sich in Acht nehmen müssen. Nun lachte uns das pralle Obst in unmittelbarer Nachbarschaft entgegen und es war egal, ob es reif war, es konnte noch so hart und sauer sein, wir aßen es mit großem Vergnügen.

Eines Tages entdeckte Bernhard auf unserem neuen Spielgelände eine eiserne viereckige Abdeckungsplatte in der Erde. Durch das kleine Loch in ihr war nichts zu erkennen, alles schwarz. Was verbarg sich darunter? Irgendwie muss man das Ding doch abkriegen? Wir brauchen eine Eisenstange. Für meine männlichen Begleiter waren technische Probleme immer schnell und einfallsreich gelöst. Während wir uns bemühten, das schwere Metall wegzustemmen, näherte sich ein Bahnpolizist mit Schäferhund an der Leine. „Was macht ihr da?“, schrie er uns schon von Weitem entgegen, „Ihr habt hier nichts zu suchen!“ Diesmal mussten wir unser Vorhaben aufgeben. Wir rannten so schnell wir konnten zu unserem Hinterhof. „Kommt er uns nach?“ Doch der Uniformierte war in eine andere Richtung weitergegangen.

Am nächsten Tag begannen wir erneut mit unserem Unternehmen, doch diesmal versicherten wir uns zuerst, ob die Luft auch wirklich rein war.

Heinz gelang es tatsächlich, die Platte anzuheben und zur Seite zu ziehen, er war der stärkste der Jungen. Vor uns lag ein tiefer Schacht. Wie lang ging es da nach unten? Wölfel ließ einen Stein hineinfallen. Der Aufprall war gleich darauf zu hören. „Fünf, sechs Meter“, schätzte er. Es war zu tief, um hinunterzuspringen. „Wenn wir ein langes Seil hätten, könnten wir daran herunterklettern“, schlug der Kleinste vor, der klettern konnte wie ein Affe. Bernhards Aufgabe war es, den Strick zu besorgen. Er fühlte mit der Hand in der Hosentasche nach seinem Taschenmesser und machte sich auf den Weg. Schon bald kehrte er wieder zurück mit einem Wäscheseil. Es hatte leer im Nachbarhof gehangen. „Du musst Knoten reinmachen, damit man sich besser festhalten kann!“, gab Wölfel von den Pfadfindern weiter, während Heinz mit einem großen Stein eine Eisenstange in den Boden rammte, als Halterung für das Klettergerät. Weiter kamen wir an diesem Tag aber nicht. Hans, der dickste, schwerfälligste und unbeweglichste von uns, hatte gute Augen. Fast drüben an der Bahnhofstraße bewegte sich ein Mann mit Hund in unsere Richtung. Vielleicht hatte er uns noch nicht entdeckt. Wir zogen die Eisenplatte über das Loch. Nichts wie weg.

Einen Tag geduldeten wir uns, um die Patrouille in Sicherheit zu wiegen, uns endgültig vertrieben zu haben. Dann setzten wir unsere Erkundigung fort.

Peter konnte es kaum noch erwarten, er durfte als Erster hinunter. Für ihn war das überhaupt kein Problem, behände hangelte er sich am Seil herab. „Ich bin unten!“, signalisierte er uns. „Siehst du was?“ „Was ist da?“, riefen wir herunter. „Stinkt es da unten?“, wollte Hans, der ziemlich blass war, wissen. Ihn konnte man sowieso nur mit Mühe zum Spielen im Freien bewegen. Er verbrachte seine Freizeit lieber allein zu Hause, in seinem eigenen Zimmer, wo sich unter seinem Bett unzählige Mickey-Mouse-Heftchen stapelten. Von gefährlichen Erlebnissen hatte er genug. Vor einem halben Jahr wäre er beinahe gestorben.

Vor sich hinträumend überquerte er damals auf dem Nachhauseweg von der Schule kurz vor mir zwischen parkenden Autos hindurch die Bergheimer Straße, ohne nach links und rechts zu schauen. Er lief direkt in den fahrenden Verkehr. Quietschende Bremsen. Ich stand wie angewurzelt. Dumpf klang der Aufprall, er wurde zur Seite geschleudert und rutschte auf dem Bauch die Fahrbahn entlang. Da lag er, noch blasser als sonst, ein Bein merkwürdig abgewinkelt, ohne Bewusstsein. War er tot? Eben saßen wir noch zusammen in der Schule. „Weiß jemand, wer der Junge ist?“, befragte die Polizei die Umstehenden, während Hans von Krankenwagenmännern auf eine Bahre geschnallt und ins Auto geschoben wurde. Ich war die Einzige, die es wusste: „Hans Schruck, er wohnt in der Bergheimer Straße 59.“ Schwere Gehirnerschütterung, viele Hautabschürfungen und ein Bein gebrochen. Es dauerte sechs Wochen, bis er wieder völlig gesund war.

Er wollte da nicht unbedingt in den Schacht hinunter und ließ Bernhard den Vortritt. Der war nun wesentlich schwerer als der kleine Peter, aber die Eisenstange, die das Seil hielt, bewegte sich nur um Millimeter. Sie war von Heinz tief genug in den Boden geschlagen worden. Das Seil lag allerdings sehr stramm am Schachtrand auf. Auf Dauer sei das keine Lösung, meinte Wölfel und seine Stirn legte sich in besorgte Falten. „Der Strick wird sich mit der Zeit durchscheuern.“ Trotzdem schlang er mutig seine Beine um das Seil und stieg zu den anderen hinab. „Wartet auf mich!“, folgte ihm Achim ohne Probleme, denn er war sehr sportlich.

Und nun kam ich dran. Was die anderen können, kann ich auch. Ich hatte allerdings nicht wie sie Lederhosen, sondern ein Kleid an. Meine Unterhose sahen sie, wenn ich jetzt hinabstieg, nicht. Wie immer trug ich darüber schwarze Turnhosen. „Halt dich gut fest!“, ermahnte mich von unten Wölfel. „Wir fangen dich auf, wenn du fällst!“, beruhigte mich Bernhard, in dessen Gegenwart ich mich immer sicher fühlen konnte.

Meine Hände klammerten sich um den rauen Strick. Der erste Knoten bremste unter meinem Po ein Abrutschen. Den zweiten und dritten Knoten erreichte ich auch noch, aber dann hatte ich keine Kraft mehr in den Armen und ich rutschte das letzte Stück am Seil entlang, bis die abfangenden Hände meiner Freunde halfen, dass meine Füße die steinerne Bodenplatte sanft berührten. Geschafft! „Alles in Ordnung?" Ich rieb meine brennenden, geröteten Handflächen aneinander: „Klar!"

Wir standen in einem kleinen Raum, kahle Betonwände um uns herum, vor uns eine dunkle Öffnung. „Da geht es weiter." Bernhard ging voraus. „Da ist ein Gang." Wir waren ihm dicht hintereinander gefolgt und starrten nun in eine totale Finsternis. Noch zeigte uns der schwache Lichtkegel der Schachtöffnung die Richtung zum Ausstieg. Der Weg wurde enger, sodass man sich mit den Händen an den Wänden entlangtasten konnte. Es war stockdunkel. „Psst, seid mal still!", stoppte uns Bernhard. Wir verharrten und lauschten. Es war totenstill. „Es hat keinen Sinn, wir müssen zurück, wir sehen ja nichts!", mahnte Wölfel. „Ich brauche eine Taschenlampe", stellte Bernhard fest. Damit war klar, dass wir das nächste Mal besser ausgerüstet sein würden und traten den Rückweg an. Die Köpfe von Heinz und Hans ragten in die Schachtöffnung. Die beiden warteten schon voller Ungeduld auf uns. „Und? Was gibt's dort unten?", fragte Heinz, der oben die Lage im Griff hatte, neugierig. „Wir können nichts sehen, es ist zu dunkel."

Ich sollte als Erste nach oben. Vor meiner Nase hing einladend das Seil. Der Abstieg war von mir ja noch einigermaßen bewältigt worden, aber wie sollte ich mit meinen aufgeschürften Händen da wieder hochkommen?

Wölfel ging neben dem Strick in die Hocke. „Steig auf meine Schultern!", forderte er Bernhard auf. Breitbeinig stand Wölfel nun da und Bernhard auf seinen Schultern über ihm. Die Handflächen seiner ineinander verschränkten Hände dienten mir als Treppenstufe. Ich stellte mich darauf und wurde wie in einem Aufzug von ihm so weit nach oben geschoben, bis ich erst mal bequem noch neben den Füßen Bernhards auf seinen Schultern zu stehen kam. Nun standen wir zu zweit auf Wölfel, der wackelig unter der Last keuchte und Bernhards Beine festhielt. Der nahm mich auf den Arm, während er sich mit einer Hand am Seil festhielt. „Streck deine Arme nach oben!“, erwartete mich Heinz, um mich zu fassen und aus der Tiefe zu ziehen. Danach wartete ich, nun auch noch mit roten Schienbeinen, auf die anderen, die nacheinander am Seil ächzend aus dem Loch hervorkletterten. Teile der Schnur waren an der Auflagestelle durchgescheuert und die zerschlissenen Enden spreizten sich zur Seite. Der haltende Strick war insgesamt dünner geworden. „Da haben wir noch mal Glück gehabt!“

Diesmal waren es Heinz und Bernhard, die in Zukunft für einen komfortableren Einstieg sorgten. Die Materialien dazu organisierten sie von einem Reifendepot, gleich hinter dem Hallenbad. Hier lagen Türme von gebrauchten Reifen in allen Größen. Reifen von Autos, Motorrädern und Fahrrädern. Die beiden Jungen banden mit Draht viele Fahrradreifen aneinander und schufen so eine wunderbar weiche, elastische und doch unbedingt haltbare Leiter. An der Eisenstange eingehakt und in den Schacht gelassen, konnte nun jeder von uns ohne fremde Hilfe so oft, wie er wollte, bequem und ohne Gefahr hinab- und hinaufsteigen. Mit Bernhards Taschenlampe gewannen wir Einblick in ein Gewirr von unterirdischen Gängen, deren Ende entweder durch eine verschlossene eiserne Tür oder versperrendes Geröll einen weiteren Zutritt verwehrte.

Einmal fanden wir in einer Ecke sogar Knochen. Es war uns nicht klar, ob sie von einem Tier oder einem Menschen stammten. Ein Schädel war allerdings nicht dabei. So leicht waren wir nicht zu erschüttern.

Nur ein einziges Mal hatten wir Angst.

Wie jeden Nachmittag waren wir hinabgestiegen und diesmal hatte Wölfel die Wache an der Erdoberfläche übernommen. Als wir von unserem Erkundungsgang zurückkamen, wunderten wir uns über die ungewohnte Dunkelheit. War das nicht unser Ausgang? Hatten wir uns verlaufen? Wir waren doch den von uns gemachten Kreidemarkierungen entlang gegangen. Oder nicht? Bernhard leuchtete mit der Taschenlampe um sich. „Hier müsste die Leiter sein“, wunderte er sich. Es war nichts von ihr zu sehen. Aber wir standen an der richtigen Stelle. Wir waren uns sicher. Bernhard leuchtete hinauf. Der Schacht war verschlossen. Das kleine Loch in der Eisenplatte ließ uns den hellen Himmel sehen. Und jetzt? „Wölfel!!!“ schrien wir gemeinsam. Es kam keine Antwort. Spinnt der? So eine Gemeinheit! Der kann was erleben! Zunächst dachten wir, unser Freund wolle uns ärgern und waren eher wütend als beunruhigt. Nach einer halben Stunde jedoch wurde es uns unheimlich. Wir froren und das Licht der Taschenlampe wurde immer schwächer. Mach sie lieber aus, vielleicht brauchen wir später noch Licht. Bestimmt hört uns ja jemand. „Eins, zwei, drei“, leitete Heinz unseren lauten Schrei ein: „ Hiiiilfe!!!“ Es geschah nichts. Noch mal : „Hiiiilfe!!!“ Keine Reaktion. Wir waren hier unten gefangen. Keiner half uns. Wie sollten wir hier wieder herauskommen? Peter fing an zu weinen, er wolle nicht sterben. Wenn uns keiner rettet, werden wir hier verhungern und dann liegen auch unsere Knochen hier herum, dachte ich. Bernhard versuchte eine aufkommende Hysterie zu ersticken. „Der Wölfel weiß doch, dass wir hier unten sind“, beruhigte er uns, „er wird schon kommen.“

Und tatsächlich: Nach etwa einer Stunde schob er die Eisenplatte zur Seite und ließ die Reifenleiter herab. Er hatte vor der nahenden Bahnpolizei die Flucht ergriffen, vorher noch schnell die Leiter eingeholt, um den Deckel schließen zu können, damit die Polizisten uns nicht entdeckten. Erst als er ganz sicher war, dass die Aufpasser auch wirklich nicht mehr da waren, konnte er uns zu Hilfe kommen. Das war einzusehen und wir waren ihm dankbar. Schließlich war das Betreten der Nazi-Bunker streng verboten.

Unsere Abenteuerlust war uns bei diesem Projekt vergangen.

Wir lösten die Drähte der Leiter und benutzten die Fahrradreifen als Wurfringe. „Wer bringt es fertig, einen Ast von dem Baum dort so zu treffen, dass der Reifen hängen bleibt?“

Noch Jahre später müssten sich eigentlich Passanten spätestens im Winter, wenn heruntergefallenes Laub den Blick frei gegeben hatte, über den Baum gewundert haben, an dem viele Fahrradreifen wie Früchte hingen.

Wir wendeten uns wieder mehr unserer unmittelbaren Umgebung zu.

Das Kino Capitol erweckte seit der Neueröffnung 1953 unser besonderes Interesse. Bei den Amerikanern hatten wir immer nur im Dunkeln heimlich die Innenräume betreten dürfen. Nun aber konnten wir mit Freikarten das Kino besuchen, als Lohn für das Austragen von Filmprospekten vor dem Hauptbahnhof, auf der Bergheimer Straße und am Bismarckplatz.

Wir durften im Parkett sitzen. Vor uns breitete sich vor einem schweren dunkelblauen Samtvorhang, der zu Beginn der Filmvorführung durchsichtig zu sein schien, wenn er sich während des Verlöschens des Lichtes und der einleitenden Bilder zu Fox- tönender Wochenschau nach rechts und links weg schob, eine riesengroße Bühne aus. Darauf stand an der Seite eine mächtige Kinoorgel. Sie stammte aus der Stummfilmzeit und wurde nur noch zu besonderen Anlässen in Gebrauch genommen.

Während ich im roten Plüschsessel versinkend auf den wohlklingenden dreiteiligen Gong und das langsame Abnehmen der Innenbeleuchtung wartete, die mir anzeigten, dass es jetzt gleich losging, sah ich nach oben zur Decke, hoch über mir. Zwei gewaltige Steinrosetten verzierten sie. Der sich über den Rängen hinter mir spannende Kreis bestand aus vielen sich gleichmäßig wiederholenden mit Blumen verzierten Bögen, die Rosette direkt über dem Parkett war in 12 gleichgroße Felder aufgeteilt; in jedem war etwas anderes dargestellt: ein großer Löwe, ein Mann mit Pfeil und Bogen, zwei gleich aussehende Menschen, eine schöne junge Frau, ein stacheliger Skorpion, Fische in den Wellen, eine Waage, ein Stier, der Kopf eines Widders, ein nackter Mann im Wasser mit einer Harpune, ein Tier mit Hörnern auf einem Felsen, ein spinnenähnliches Krabbeltier.

Schade, an manchen Stellen hatte eindringendes Wasser die wunderschönen Figuren unansehnlich verfärbt und der Verputz wölbte sich in Blasen. In einigen Ecken zeigten Risse, dass bald ein Herunterbröckeln dieses weiten steinernen Himmels befürchtet werden musste. Warum wurden diese Schäden nicht behoben? Dieses Kino war doch das größte und schönste in der ganzen Stadt! Gut, die herunter zu stürzen drohenden übermannshohen Steinstatuen auf unserem Dach hatte man vorsorglich an der mit wildem Wein bewachsenen Wand entlang des Kinoausgangs in Position gebracht, hier waren sie sicher. Den anderen Zuschauern schien es egal zu sein. Das Kino war trotz baulicher Mängel gut besucht.

Besonders großer Andrang herrschte, wenn sich zu der Premiere eines neuen Films die Hauptdarsteller auf der Bühne zeigten. Durch die geschlossenen Kinoausgangstüren hörten wir, wenn wir ein Ohr nahe dran pressten, wie das Publikum klatschte, die Orgel spielte und manchmal auch den Gesang der Interpreten: „Oh, mein Papa!", sang Lys Assia, „Das alte Försterhaus" Friedel Hensch & die Cypris, „Es liegt was in der Luft" Mona Baptiste & Bully Bulan, „Sieben einsame Tage" Illo Schieder. Am Bühnenausgang warteten wir dicht gedrängt, um wenigstens einen Blick auf die Berühmtheiten werfen zu können, wenn sie grell geschminkt, hinter großen Blumensträußen versteckt, ins bereitstehende Taxi einstiegen und fortfuhren. Manchmal gelang es uns sogar, vorher noch ein Autogramm zu ergattern. Etliche Hochglanzfotos mit schwungvoller Unterschrift ergänzten meine Kinoprogrammsammlung: René Carol, Gerhard Wendland, Ruth Leuwerik, O.W. Fischer, Catharina Valente, Sonja Ziemann, Rudolf Prack, Adrian Hoven und Liselotte Pulver. Nur Zarah Leander kam nie, obgleich ich genau wie sie mit dunkler Stimme „Der Wind hat mir ein Lied erzählt" singen konnte.

Das Nachsingen von Schlagern machte mir viel Spaß. Angeregt durch die Kinofilme, die Lieder im Radio oder Bernhards Schallplatten, versuchte ich vor dem Spiegel in Pose, Mimik und Stimme meinen Vorbildern ebenbürtig zu sein. Die Texte konnte ich selbstverständlich auswendig, eine Bedingung, wenn man in Gesang und darstellender Kunst erfolgreich sein wollte.

Mutti schien mein diesbezüglich ausgeprägtes Geltungsbewusstsein nicht verborgen geblieben zu sein. Sie unterstützte meine Bemühungen. Ich durfte ihr und Omi, nachdem im Wohnzimmer Couchtisch und Sessel zur Seite geschoben waren und sie erwartungsvoll auf dem Bett Platz genommen hatten, vorsingen und -tanzen und auch noch auf dem freigelegten Teppich akrobatische Verrenkungen vorführen.

Einmal verschaffte sie mir sogar in der Öffentlichkeit Bewunderung. Sie ging mit mir zum Kinderfaschingsfest ins Cafasö.

Mein Vater hatte mich schon in andere Kaffeehäuser in der Stadt mitgenommen. Mit ihm und seiner Mutter war ich im Cafe Pflüger am Wrede-Platz und hatte zusammen mit seinen Tanten Anne und Käthe das Schafheutle in der Hauptstraße besucht. Auch weniger feudale Cafés, wie Café Schwefel und das kleine Café Bauer mit fünf Tischchen, gegenüber, in der Bergheimer Straße, waren mir bekannt, aber keines von ihnen war so ausgefallen, wie das Cafasö, Ecke Hauptstraße und Fahrtgasse.

Schon von Weitem kündigte ein meterhoher bunter Papagei aus elektrisch erleuchtetem Glas über der Eingangstür an der Straßenecke an, dass man sein Ziel bald erreicht hatte.

Das Café hatte zwei Stockwerke. Im unteren Bereich waren die Kuchentheke, eine große Anzahl von Sitzplätzen und gleich neben dem Eingang ein in die Wand eingelassenes, vom Meeresgrund aus strahlendes Aquarium, in dem es von ungewöhnlich aussehenden und in allen Farben schillernden Fischen nur so wimmelte.

Mutti ging mit mir eine Treppe höher. Der fast voll besetzte Raum hatte eine Bühne, auf der drei Männer am Klavier, Schlagzeug und Bass musizierten. Die Besucher waren alle etwa in meinem Alter und hatten ihre Eltern dabei. Nur die Großen blieben auf ihren Plätzen sitzen, uns hielt es nicht auf den Stühlen. Prinzessinnen, Piroschkas, Rotkäppchen, Clowns, Cowboys, Indianer, Seeräuber und Teufel tollten durch den Raum, zwischendurch immer mal die Treppe herunterhuschend, um die Fische zu beobachten. Ohrenbetäubendes Getöse von Holzratschen, Tuten, Rasseln, Knallblättchen, Lachen, Stampfen, Klappern, Indianergeheul, Geschrei und allgemeines Stimmengewirr durchsetzt mit Schlagermusik.

„So, meine lieben Kinder“, übertönte den Radau die Stimme aus einem Lautsprecher. „Aufgepasst, wir beginnen mit unserem Künstlerwettbewerb! Wer von euch möchte auf die Bühne? Wer kann etwas zum Besten geben? Herrrreinspaziert!!!“, forderte mit ausholender Handbewegung ein Herr mit schwarzem Zylinder durch ein Mikrophon ins Publikum. Zaghaft näherte sich, von ihrer Mutter angestupst, ein kleines, zartes, als Fee verkleidetes Mädchen. „Ja, wen haben wir denn daaaaa?“, fragte der Conférencier affektiert und half der Kleinen auf die Bühne. Die Mikrophonstange wurde gekürzt und trotzdem musste sich die Vortragende noch auf die Zehenspitzen stellen, um gehört zu werden. „Ein Männlein steht im Walde“, sang sie mit einem Piepsstimmchen unter Begleitung des Klaviers und ihre Mutter lauschte entzückt. Dann folgte ein Junge mit Lederhosen und Tirolerhut: „Hänschen klein, ging allein ...“ und da stockte er schon, weil er den Text vergessen hatte. Mit hochroten Ohren verließ er wieder die Bühne. Ein älterer Cowboy sang ‚Das alte Haus von Rocky Docky‘. Das klang richtig echt! Er bekam viel Applaus. Zwei ältere Mädchen ohne Kostüm, aber mit gefederten Augenmasken sangen ‚Chanson d’amour‘. Im Laufe des Nachmittags gab es noch mehrmals die Möglichkeit sein Können zu demonstrieren. Das wiederholte Drängen meiner Mutter: „Mach doch auch mal! Das kannst du doch auch!“, führte zu einem eselssturen Sitzenbleiben, ganz das Gegenteil eines waagemutigen Auftritts.

Es war kurz vor dem Kehraus, die meisten Besucher waren schon aufgebrochen, als ich endlich den Mut fand, auf die Bühne zu gehen.

Ich war als Spanierin verkleidet. Dazu hatte mir Omi einen weiten Rock aus grünem Faschingsstoff, bedruckt mit

Als Spanierin verkleidet

goldenen Ornamenten, genäht. Darüber trug ich auf nacktem Oberkörper ein knappes rotes Oberteil, das rechts schulterfrei war und an das links ein Puffärmel, besteppt mit langen glänzenden schwarzen Seidenfransen, einem Stoffrest von Muttis Faschingskostüm, in dem sie mit Onkel Rüdiger den Medizinerball in der Stadthalle besucht hatte, genäht war. Über meiner Brust lag eine dreisträngige Halskette aus goldenen Blechtalern und auf meinen langen Haaren ruhte ein breitrandiger, mit einer großen roten Papier-Chrysantheme geschmückter, schwarzer Filzhut, den ich etwas schief über den Pony gezogen hatte. Mein Gesicht war gepudert, die Lippen sorgfältig nachgezogen und mit schwarzem Augenbrauenstift Ränder um die Lider gemalt. Ein Schönheitspunkt auf der rechten Wange sollte mein Erscheinungsbild unterstreichen und selbstverständlich waren meine Fingernägel rot lackiert. Mutti hatte mich unterstützt. Das einzig Spanische an mir war ein großer Fächer, mit dem ich mir gelegentlich hoheitsvoll Luft zufächelte, ihn schloss und ihn dann wieder theatralisch aufspreizte, um den Vorgang zu wiederholen.

Die Musiker waren einverstanden, mich zu begleiten, nachdem ich meinen Musiktitel genannt hatte. Sie spielten zuerst eine Einleitung und dann gab mir der Pianist mit einem unauffälligen Kopfnicken das Zeichen für meinen Einsatz. Meine

Hände waren merkwürdig kalt, als ich das Mikrophon ergriff. Ich spürte meinen Herzschlag über den Schlüsselbeinen. Und dann sang ich, ich hatte es schon unzählige Male zu Hause geübt: „Ganz Paris träumt von der Liebe“. Meine Stimme klang mir selbst fremd, ich hatte noch nie durch ein Mikrophon gesungen. Aber, ob hoch oder tief, ich traf die Töne exakt und zog sie auch an den entsprechenden Stellen so lang wie Catharina Valente.

Ich wurde sogar um eine Zugabe gebeten und schwebte später vor lauter Erfülltheit, Genugtuung, Stolz und Einbildung neben meiner Mutter nach Hause. „Omi, das hättest du hören sollen!“, gab sie daheim mit mir an.

Onkel Wolfi fand das Affentheater um mich herum bedenklich. „Ihr werdet schon sehen, wohin das führt! Püppi wird erst 10!“ Erst?

Mein Leben veränderte sich, das stimmte. Nachts schwitzte ich plötzlich so. Manchmal war ich ohne ersichtlichen Grund wütend, traurig oder unendlich verkichert. Fast alle meine Milchzähne hatten sich schon erneuert und sie lagen auf einem Stück Watte gebettet in einem Schmuckschächtelchen des Schmuckladens Granat am Universitätsplatz.

Über meiner Scheide, in den Achselhöhlen und an meinen Beinen fingen an, schwarze Haare zu wachsen, meine Augenbrauen rückten immer mehr zusammen und auf der Oberlippe deutete sich ein dunkler Bartschatten an. Rassig, nannte meine Mutter diese Hässlichkeiten.

„Hast du schon deine Tage?", fragte mich Ahnungslose Bernhard, der wie immer einen Wissensvorsprung zu haben schien. Als ich mehr darüber erfahren wollte, konnte er mir auch nicht richtig Auskunft geben und faselte etwas von Camelia. Diese Frau war mir völlig unbekannt, worauf er mit einem Zipfel kräftig blauen Kartons aus dem Kleiderschrank seiner Mutter seine Ausführungen zu untermalen suchte. Ich konnte ihm nicht folgen.

„Wer ist Camelia?", fragte ich arglos am Abend meine Mutter und hätte es besser nicht getan. Wieder bekam Bernhard wegen mir den Lederriemen zu spüren. Ich glaube aber, es war das letzte Mal, denn er war inzwischen größer als seine Mutter. Warum beantwortete mir niemand meine Frage?

In der Schule zeigten sich noch keine Veränderungen. Die einwöchige Aufnahmeprüfung fürs Gymnasium bestand ich ohne Schwierigkeiten. Frau Stemmel hatte mich in der 4. Klasse gut unterstützt. Sie konnte nicht wissen, dass die Spiele auf dem Schulhof, besonders am Nachmittag, nach dem Handarbeitsunterricht meine Aufmerksamkeit viel mehr beanspruchten als der Unterrichtsstoff.

Am liebsten hatte ich ‚Der Kaiser schickt seine Soldaten aus'. Dazu standen sich zwei Reihen Kinder, die Soldaten mit ihrem Kaiser, in etwa zehn Meter Abstand gegenüber und hielten sich fest an den Händen. Ein Kaiser schickte nun einen seiner

Soldaten aus, der versuchen musste, die feindliche Kette im Lauf zu durchbrechen. Gelang ihm dies, konnte er einen der beiden Schwächlinge, die ihre Hände gelöst hatten, als Gefangenen ins eigene Lager mitnehmen. Blieb er jedoch in der Soldatenkette hängen, musste er sich dort einreihen. Das Spiel ging so lange, bis einer der beiden Kaiser keine Soldaten mehr hatte. „Er schickt sich selbst hinaus!“, schrie er dann, nahm Anlauf, rannte so schnell er konnte auf seine Gegner zu und warf sich mit aller Kraft gegen die festhaltende Mauer. Drei Versuche hatte er, wenigstens einen seiner verloren gegangenen Krieger wieder zurückzugewinnen und das Spiel konnte weitergehen. Gelang ihm das nicht, war er der Verlierer.

Manche meinten in diesem Moment, sie seien schlau, wenn sie das schwächste Glied der Kette durchtrennten, wie zum Beispiel die um Zusammenhalt bemühten zarten, schmalen Arme zweier Mädchen. Aber was nützte einem dann solch ein Mimöschen in der eigenen Mannschaft. Nein, man musste schon versuchen, seine besten Männer zurückzuholen. Solche, vor deren Wucht die Gegner so großen Respekt hatten, dass sie schon freiwillig die Klammer lösten, wenn sie heranpreschten.

Das Spielen mit Jungen hatte mich hart gemacht. Ich war gefürchtet. Meine Soldaten waren tapfere Kerle, auch zu Hause.

Auf unserem Hof hatte sich unsere Capitol-Bande geschworen, jeden Eindringling in unserem Gebiet zu bekämpfen. Die Bande aus der Mittermeierstraße wollte es wissen. Peter hatte sich in der Schule mit einem von ihr angelegt. Nun wollten sie uns alle verprügeln. „Sie kommen", schrie Peter, der an der Hofeinfahrt Nr. 61 die Bergheimer Straße entlanggeschaut hatte, aufgeregt und rannte uns entgegen. Wir halfen ihm hoch auf das Dach des Glashauses. Von hier oben werden wir es ihnen zeigen. Bernhard, Wölfel, Hans, Achim, Peter und ich. Heinz Blosert war leider schon wieder im Internat, den hätten wir jetzt gebrauchen können.

Achtung! Schlurfende Schritte, das mussten sie sein! Breitschultrig kamen sie über den Hof. Es waren vier ausgewachsene Halbwüchsige. Die waren ja viel größer und älter als wir. Mindestens fünfzehn Jahre alt. Wie sollten wir die besiegen? Ich hielt mich im Hintergrund. Sie hatten uns entdeckt. Kein Wunder, denn Wölfel und Bernhard standen hoch aufgerichtet, breitbeinig, die Arme vor sich verschränkt, siegessicher auf dem Dach.

„Kommt runter, ihr Feiglinge!", herrschte uns ihr Anführer an und schlug dabei mit einem mitgebrachten Stock demonstrativ gegen sein eigenes Bein. Auch die anderen Gesellen hielten Holzprügel in den Händen und schauten grinsend zu uns hinauf. Wölfel ließ sich nicht einschüchtern: „Was wollt ihr denn?" Ich sah, wie er kräftig einatmete und noch ein Stück größer wurde. Höhnisches Gelächter von unten. „Das weißt du genau. Spiel dich nicht so auf."

„Ihr habt hier überhaupt nichts zu sagen, das ist unser Hof!", mischte sich nun Bernhard ein. Die Vier lachten sich kaputt. „Ihr braucht gar nicht so blöd zu lachen", wagte nun auch Achim das Wort zu ergreifen. „Der Pimpf hat auch noch was zu meckern", höhnte einer. „Kommt, die machen wir fertig!"

Und bevor sie sich in Bewegung setzten, vergewisserte sich einer von ihnen: „Ihr wollt also nicht runterkommen, ihr Arschlöcher? Na gut, dann kommen wir eben zu euch rauf!"

Die meinten es tatsächlich ernst. Hoffentlich ging unser Plan auf. Zum direkten Kampf durfte es nicht kommen, die waren stärker als wir.

„Sie greifen an!", warnte Hans, laut schreiend. Das hätten wir auch so gemerkt, denn die vier Fremden kletterten am Eisengerippe des fensterlosen Glashauses uns entgegen.

Auf diesen Moment hatten wir gewartet. Es durfte keinem von ihnen gelingen, auf das Dach zu kommen, dann hätten wir verloren. Wir waren seit Stunden gut vorbereitet. Zuerst schütteten wir zwei Eimer Wasser auf die Kletterer. Das nützte nichts, sie kletterten weiter. Im Gegenteil, jetzt lachten sie nicht mehr, jetzt waren sie wütend, weil sie nass waren. Es zeigte sich die erste Hand. Sie hielt sich an der Dachpappe fest. Da mussten wir draufhauen, dass sie wieder losließ. „Auuu!" Vor dem waren wir einen Augenblick sicher. Dafür hatte es einer von ihnen nun auf der anderen Seite so weit geschafft, dass man seinen Kopf sah. Nun kam mein Einsatz. Ich schmiss ihm feinsten gelben, brennenden Staub, den es nur an einer bestimmten Stelle auf unserem Hof gab, in die Augen. Er jaulte auf. Der konnte nicht mehr. Er rutschte am Gerüst entlang nach unten und tappte wie erblindet über den Hof. „Passt auf das Weib auf", versuchte er seine Freunde zu warnen, die immer noch nicht kapiert hatten, dass wir in der besseren Position waren. Sogar Hans, der sich sonst immer zurückhielt, schlug wie ein Wilder mit einer Holzlatte auf die Angreifer. Sie schafften es nicht auf unser Dach. Sie waren alle verletzt und gaben schließlich auf. „Wir haben sie geschlagen!", jubelten wir, als sie abzogen, und warfen ihnen noch übermütig Steine hinterher.

Wochenlang nahmen wir uns allerdings in Acht, wenn wir in die Nähe der Mittermeierstraße kamen, denen wollten wir nicht auf gleicher Höhe begegnen.

Mein täglicher Schulweg führte nun eh nicht mehr in deren Nähe, sondern zum Glück in die entgegengesetzte Richtung. Ich besuchte nun das Hölderlin-Gymnasium in der Innenstadt, ein Haus für höhere Töchter, das, moderner als das ehrwürdige Kurfürst-Friedrich-Gymnasium mit seinem Alt-Sprachen-Angebot, Englisch als Erstfremdsprache eingerichtet hatte und die Naturwissenschaften hochhielt.

Ich besuchte nun das Hölderlin-Gymnasium

Renate Berk war die Einzige aus meiner 4. Klasse, die mit mir die Sexta besuchte. Achim ging ins neu errichtete Bunsen-Gymnasium in Neuenheim, in dem nur Jungen unterrichtet wurden. Renate wohnte weiter hinten in der Bergheimer Straße und musste jeden Morgen zur Schule an meinem Haus vorbei. Da klingelte sie kurz und wir machten uns gemeinsam auf den Schulweg, die Plöck entlang bis zur Märzgasse.

55 Mädchen in einer Klasse, man war relativ unbeobachtet und der Unterricht war langweilig. Die durchweg ergrauten

Lehrerinnen vermochten es nicht, Interesse zu wecken und man hatte ständig mit dem Schlaf zu kämpfen.

Der Sportunterricht, donnerstags in den ersten beiden Schulstunden, war willkommene Abwechslung. Endlich konnte ich meine Fähigkeiten zur Schau stellen.

„Und Strecksprung!", tönte es mit krächzender, von lautem Schreien erschöpfter Stimme. Frau Windanker hatte sichtlich Mühe, die schnatternden Gänse im Zaum zu halten. „Aufstellen!", befahl sie unter hektischem Schlagen auf ein Tamburin. Wehe, man stand nicht seiner Größe entsprechend an der richtigen Stelle, meine war ungefähr in der Mitte, dann bekam sie schon zu Beginn des Unterrichts den ersten Tobsuchtsanfall und stampfte mit dem Fuß auf den Boden. „Durchzählen!" „... 23, 24, ...", „Lauter!", unterbrach sie brüllend. An manchen Tagen sah man ihr schon an, dass sie uns nicht lange werde ertragen können, und wenn man betont schwerfällig ihren Aufforderungen Folge leistete, der Moment gleich da war, wo sie unter Tränen die Turnhalle verlassen würde. Dann übernahm meine Mitschülerin Lissi den Unterricht. Sie war im Heidelberger Turnverein und konnte uns die schwierigsten Übungen im Gegensatz zu unserer Turnlehrerin, die nicht einmal sportlich gekleidet war, vorturnen. Am Stufenbarren war ich bald genauso gut wie sie. Ich turnte wie sie barfuß. Beim den Unterricht beendenden Völkerball übertraf ich sie, denn mit dem Ball war ich groß geworden. Noch Stunden später spürte ich den harten Aufprall des Balles auf meiner Brust, denn statt zu fliehen und dabei abgeworfen zu werden, stellte ich mich der Gefahr, fing den Ball und hielt ihn ganz fest. Traf mein Wurf dann eine Gegnerin, gab es nicht selten blaue Flecken. Meine Beliebtheit hielt sich in Grenzen. Mir waren die meisten meiner Mitschülerinnen zu brav. Ich gab mir alle Mühe, ein bisschen Leben in die Bude zu bringen. Ein Jahr später wurde mir dies mit dem Zeugniseintrag: „Marion bringt häufig Unruhe in die Klasse" quittiert. Trotzdem, meine Noten waren nicht schlecht.

Jeden Nachmittag achtete Omi darauf, dass die Hausaufgaben sorgfältig erledigt wurden. Zur Belohnung gab es danach einen Groschen, den ich gleich darauf am Kiosk umsetzte. Ich hatte die Wahl zwischen Lakritze-Schnecken, Mohrenkopf, Brausewürfel, einem Stück Nussschokolade, 5 Drops oder Double Bubble. Oft entschied ich mich für das Kaugummi: ein dicker, zweiteiliger, rosafarbener, nach Zimt und Pfefferminz schmeckender Gummiwürfel, den man anfangs nur mit Mühe zerkauen konnte. Bis er weich war, studierte man das Comic, das, auf glänzendem Lackpapier gedruckt, der Verpackung beilag. Nach einiger Zeit war die Masse dann zwar ohne Geschmack, aber aufblasbar. Bis zum Abend konnte man damit Blasen üben und Mutti mit wahren Wunderexemplaren vor dem Gesicht überraschen oder das Gekaute in langem Faden aus dem Mund ziehen und mit gekonnten aufrollenden Lippen- und Zungenbewegungen wieder einholen. „Mach wenigstens den Mund zu beim Kauen!“, ekelte sich meine Mutter.

Dumm war es nur, wenn das Kunstwerk, bevor man es wieder eingesaugt hatte, zerplatzte und Blasenfetzen auf der Nase, der Stirn, im Pony, auf den Wangen und um den Mund herum klebten und langsam schwarz und immer härter werdend abgeschabt werden mussten. Bernhard, der mit mir wetteiferte, sorgte mit einem kurzen Handschlag manchmal dafür. Gemeinheit.

Da war Erwin galanter. Ich hatte ihn auf dem Bierhelderhof kennengelernt. Er kam aus der Weststadt. Beim Abschlussfest hatte er Zauberkunststücke vorgeführt.

Seitdem besuchte er mich manchmal und hatte immer eine neue Überraschung parat. Er lief auf den Händen über unseren klebrigen Küchenboden, jonglierte drei kleine Bälle gleichzeitig, balancierte alles Mögliche auf seiner Stirn. Er war nicht so ungehobelt wie die anderen auf dem Hof, verbeugte sich sogar beim Begrüßen und Verabschieden. „Ein richtiger Kavalier!“, staunte Omi, als er mir einmal eine langstielige rote Rose mitbrachte, weil ich mit Angina im Bett lag. Der Krankenbesuch wäre noch ein halbes Jahr vorher undenkbar gewesen, da stieß ich mit dem Kopf und den Füßen am Gitterbett an. Nun aber lag ich auf einem großen Bett. Holzgestell mit Spiral-Feder-Rost, darauf eine dreiteilige Matratze eingeschlagen in ein Laken, über dem Überschlaglaken eine Wolldecke und darauf ein wie das Kopfkissen bezogenes Federbett, das gewöhnlich tagsüber im aufklappbaren Bettkasten am Kopfende verstaut und durch eine rostrote Tagesdecke ersetzt wurde.

Er konnte am Fußende Platz nehmen und unsere Blicke wurden nicht wie bei Rilkes Panther, von dem Omi manchmal vorlas, durch Gitterstäbe unterbrochen. Aber irgendwie war er mir zu sanft, zu freundlich, zu nett. Wenn er lächelte, bildeten sich kleine Grübchen in seinen Wangen. Eigentlich sah er aus wie ein Mädchen, mit seinen hellblauen Augen, seinen an einen Maikäfer erinnernden langen Wimpern und den wie bei einem ‚Neger' gekrausten dunklen Haaren. Daran änderte auch seine große gebogene Nase nichts.

Einen entscheidenden Fehler, nach dem sich meine Sympathie für ihn schlagartig trübte, machte er jedoch an einem späten Nachmittag.

„Marion", hörte ich ihn vor dem Fenster rufen. Ich betrat den Hof. Er war nicht allein. Neben ihm saßen auf ihren Fahrrädern, sich über den Lenker lehnend und mit einem Fuß auf dem Boden abstützend mir zwei völlig unbekannte, ältere Jungen, die mich aufmerksam von oben bis unten musterten. „Das ist sie", sagte Erwin zu ihnen und es kam mir vor, als ob er mich als sein Ausstellungsstück präsentierte. Hatte der noch alle Tassen im Schrank? Ich war doch nicht sein Eigentum! Ich streckte den beiden die Zunge heraus, so richtig lang, drehte mich mit Schwung, dass meine langen Haare und mein weiter Rock nur so flogen, herum und rannte, ihren Blicken entschwindend, durch die Hintertür ins Treppenhaus. „Das sind meine Freunde", rief Erwin mir erklärend hinterher. Egal, ich fand ihn von da an unmöglich.

Einer der beiden Begutachter kam jedoch wieder. Einige Tage später.

Es war zur selben Zeit, als man erzählte, mein Vater sei schwer verunglückt: nach hartem Arbeitstag auf der Frankfurter Messe – nachts auf dem Heimweg – im Auto auf der Autobahn eingeschlafen – unter einen Lastwagen geraten – zum Glück herausgeschleudert worden – der Wagen sei Matsch – er läge nun mit angebrochenem Genick bewegungslos im Krankenhaus – habe aber schon wieder nach einer Zigarette verlangt – werde es wohl überstehen.

Es berührte mich nicht.

Wir kickten mit dem Ball im Hinterhof, als sich Erwins Freund uns näherte, auf seinem Fahrrad. Es war grün, mit modernem Lenker. Er bremste scharf und stand dabei auf den Pedalen, das Hinterrad rutschte ein wenig weg. „Tag", begrüßte er die Runde, schaute aber zu mir und seine Augen blitzten. „Du bist doch der Freund von Erwin?" „Ja." „Willst du mitkicken?" Doch er schlenkerte sein Fahrrad herum: „Hab keine Zeit, muss ins Training, tschüss" und fuhr in schneller Fahrt davon. Über seiner Schulter baumelte ein Camping-Beutel aus blauem Segeltuch. „Wie heißt denn der?" wunderte sich Wölfel. „Keine Ahnung."

Eine Woche darauf stand er erneut im Hof. Diesmal waren seine Haare nass. Er kam vom Schwimmen im Hallenbad. Er blieb wieder nicht lange. Aber er sagte uns seinen Namen. Jürgen.

Sonst wussten wir nichts über ihn.

Bei seinem nächsten Besuch regte er ein Fahrradrennen rund um das Kino an. Es imponierte mir, dass er schneller als Wölfel und Bernhard war. Er kehrte als Erster durch die Hofeinfahrt zurück, mit braungebranntem Gesicht und siegesgewissem Grinsen landete er vor mir. Er hatte eine olivgrüne, lange Gabardinehose an und seine nackten, braunen Zehen steckten in ledernen Jesuslatschen. Die Ärmel seines karierten Hemdes waren bis zu den Ellenbogen hochgekrempelt. Um den Hals trug er eine schmale silberne Kette, an der ein kleiner Anker hing. Seine Hände umspannten fest die Handgriffe seines Fahrrades. Er sah gut aus.

„Bist du nächsten Donnerstag da?", fragte er mich, noch bevor die anderen eingetroffen waren. Seine Augen waren grün. „Ja."

Von da an kam er regelmäßig. Er war sehr sportlich. Badischer Jugendmeister im Butterfly sei er und Kraft hatte er auch, im Armdrücken war er stärker als die anderen. Einmal kam er mit bandagiertem Arm und Pflaster über linker Augenbraue und linkem Knie. Bei einem Radrennen vom Königsstuhl hatte er eine Kurve nicht mehr geschafft und war den Abhang heruntergestürzt. Hätte er nicht mit dem Arm seine Augen geschützt, wäre er jetzt wahrscheinlich blind. Sein Unterarm sei vom Dornengestrüpp zerrissen. Er hielt einiges aus. Und er hatte immer warme Hände, selbst, wenn es schneite und er keine Handschuhe trug. Ja, der Sommer war längst vorbei, draußen war es kalt und ungemütlich. Wir gingen im Hof nebeneinander her, redeten nicht viel, schauten auf das Bahngelände. Und wenn ich fror, rieb er meine kalten Finger oder ich durfte meine Hand in seine warme Manteltasche stecken. Er war mir angenehm.

„Dieser Typ lungert schon wieder draußen rum, was will der von dir?“ Meiner Mutter, die abends regelmäßig mein Vokabelwissen im Englischen überprüfte, schien er nicht zu gefallen. Da erzählte ich besser nichts. Ihr Freund hieß Franko. Der Italiener besuchte sie sogar in Deutschland und ging mit ihr aus. Ich ging nur spazieren. Was war dabei?

Bernhard hatte nichts gegen einen neuen Kameraden. Wölfel war nach Wieblingen gezogen, der Blosert war auch kaum da. Die Ideen, die der Neue hatte, waren nicht schlecht. Vor allem hatte er Kenntnisse, was Musik betraf. Er brachte Schallplatten mit den neuesten Hits vom AFN mit. Er schwärmte von Bill Haley und zeigte uns im Wohnzimmer von Zometschs, wie man Rock and Roll tanzte. Er wirbelte mich Federgewicht über seinen Rücken, seine Hüften und unter seinen Beinen hindurch. Wenn er mich mit beiden Händen, meine Taille umklammernd, in die Luft stemmte, waren wir froh, dass die Zimmerdecke so hoch war, ich wäre sonst mit den Füßen angestoßen.

Ich ging nur spazieren.
Was war dabei?

Omi und Mutti missfiel diese ‚Negermusik', wie man abschätzig zu sagen pflegte, und vor allen Dingen auch die Lautstärke. „Macht das Gedudel leiser!", wurde die Begeisterung gedämpft.

Bei uns wurde neuerdings nach dem Abendbrot klassische Musik gespielt. Mutti hatte einen Kofferplattenspieler angeschafft und seit Omi vom Bertelsmann Verlag vierteljährlich ein Bücherpaket bekam, ließ man sich ab und zu auch Schallplatten schicken. Von Mozart *Die kleine Nachtmusik*, von Beethoven *Die Mondscheinsonate*, List, Chopin, Rachmaninow, Klavier, Violine, Orchester, Sinfonien in Dur und Moll und ich tanzte dazu Ballett nach eigener Choreographie. Für den Besuch eines Konzerts reichte das Geld nicht, aber ich vermisste nichts, hatte ich doch zu Hause eine Bühne. Wir lauschten nicht nur der Musik, sondern auch zum Beispiel der Sprache Homers im Hörfunk, wo Mathias Wiemann mit angenehmer, tiefer Stimme von der *Odyssee* vortrug.

Am schönsten aber war es, wenn Omi vorlas. Nach dem Abendbrot, wenn noch keiner aufgestanden war, kam das Signal: „Püppi, hol Hutzelbeins Büchse!" Das ließ ich mir nicht zweimal sagen. Mit dem mir gereichten Schlüssel lief ich den langen Korridor zum Wandschrank. Ich schloss auf, öffnete auch den linken Flügel der Tür. Da stand sie: eine dunkelblaue, achteckige Blechdose mit aufklappbarem Deckel, das Abschiedsgeschenk der Maryland Universität. Auf den Seitenwänden waren mit Rosen gefüllte Henkelkörbe vor weißem ovalen Hintergrund abgebildet und die einzelnen Felder waren durch reich verzierte goldene Bordüren voneinander getrennt. Oh, war die schwer, bemerkte ich, als ich sie aus dem Schrank nahm und die Türen wieder sorgfältig schloss. Während ich zurücklief, klapperte der Inhalt. Ich reichte Omi die Dose. Mit einem „Soooo, dann wollen wir mal sehen, was Hutzelbein heute hineingetan hat?", öffnete sie in Zeitlupe den Deckel und hielt mir einladend das Geheimnis entgegen. Tatsächlich, schon wieder hatte sich der Inhalt verändert. Diesmal glitzerten Eisschokoladetörtchen zwischen in Buntpapier eingewickelten Bonbons. Das letzte Mal waren es Cremehütchen, Storck-Karamellen und Weinbrandbohnen. Jeder durfte sich 3 Stück herausnehmen und dann las Omi aus einem übergroßen dicken, dunkelgrünen, in Leinen gebundenen Buch, auf dem über einem Eichenblatt in fetten goldenen Buchstaben in vier Zeilen: „Echtermeyer *Auswahl deutscher Gedichte*“ stand, eine Ballade vor. Ich konnte mich gar nicht entscheiden, welche ich am liebsten hörte, ob es *Der Handschuh*, *Die Füße im Feuer*, *Archibald Douglas*, *Die Bürgschaft*, *Der Taucher*, *Der Erlkönig* oder *Des Sängers Fluch* war. Omi verstand es meisterhaft, mich in diese abenteuerlichen, vergangenen Zeiten zu versetzen. Nicht selten versuchte ich am Nachmittag, wenn keiner da war, ihren Vortrag laut nachzuahmen.

Auch Gedichte hatten es mir angetan und ich genoss den Wohlklang der Sprache.

Wenn ich auch in der Schule viel Ungezogenheit an den Tag legte, sobald im Deutschunterricht ein Gedicht vorzusprechen war, rezitierte ich mit großem Ernst und voller Hingabe.

Während ich mich im Sommer mindestens bis zum Sonnenuntergang mit meinen Freunden im Freien aufhielt und selbst der Hunger um die Kaffeezeit unser Spiel nicht unterbrechen konnte – die Erwachsenen hatten dafür Verständnis und versorgten uns durch die Fenster mit Proviant: Omi warf einen Apfel, Heinz musste sein Marmeladenbrot aus dem 4. Stock auffangen. Schaffte er es nicht und es fiel auf den Boden, aß er es trotzdem – verschaffte mir die Winterzeit mit ihren langen, schon um halb fünf Uhr beginnenden gemütlichen Abenden viel Zeit zum Lesen.

Freitags stürzte ich mich als Erste auf die ins Haus gebrachte, wöchentlich neu ausgetauschte Lesezirkelmappe, aus deren Zeitschriften-Inhalt mich besonders die Detektiv-Bildergeschichte aus der ‚Quick‘, ‚Nick Knatterton‘, die Sternchenseite für Kinder aus dem ‚Stern‘, sowie die Witze am Ende der ‚Revue‘ und der ‚Bunten‘ neugierig machten, nur der fast unbebilderte ‚Spiegel‘, für den mein Onkel sich so interessierte, und die ‚Constanze', für die Mutti eine Vorliebe hatte, waren mir zu langweilig.

Aber an den anderen Wochentagen wandte ich mich Kekse krümelnd oder Bonbons lutschend dem ausgeliehenen und eigenen Buchmaterial zu und je früher die Abende begannen, desto mehr beschäftigte ich mich mit der Auswahl und dem probenden Vortrag eines Gedichtes zum immer näher rückenden Heiligen Abend.

Weihnachten war das größte Fest im Jahr und wurde gleich nach Omis Geburtstag am 22. November, an dem es immer Mohntorte mit Zitronenglasur gab, angekündigt. Sie kochte Schmandbonbons für die bunten Teller. Dazu bräunte sie in einem besonders alten Topf, es gelang nur in diesem, Zucker in Butter, goss Sahne dazu und rührte, rührte und rührte. Ab und zu überprüfte sie die Beschaffenheit des Gebräus unter Hochheben des Kochlöffels. Kopfschütteln und Weiterrühren. Die Gasflammen durften nicht zu groß sein, sonst brannte die Masse am Topfboden an und war ungenießbar.

Unterdessen durfte ich die benötigten Mandeln vorbereiten. Sie waren vorher in kochendem Wasser gebrüht worden, um das Schälen der braunen Haut zu erleichtern. Rieb man die Mandel zwischen den Fingern, platzte ihre dunkle Hülle und die glatte weiße Nuss trat zum Vorschein. Schnell hatte ich heraus, dass man sie auch wie ein Geschoss über den Küchentisch fliegen lassen konnte. Drückte man nur auf das Mandel-Ende und quetschte dabei die Haut zurück, flutschte sie in hohem Bogen aus ihrem einzwängenden Mantel und knallte bei genauem Anpeilen in die Porzellanschüssel. Manchmal verfehlte sie auch ihr Ziel und versteckte sich hinter dem Gefäß oder gar zwischen den Stuhlbeinen. Und Omi rührte, „lass den Unsinn!" und rührte. Die Sahne war inzwischen hellbraun und zähflüssig. Jetzt war der Moment gekommen, sie vom Feuer zu nehmen, die Mandeln zu hacken, sie hinzuzufügen und das ganze noch einmal kurz aufkochen zu lassen, ganz kurz, bis die Flüssigkeit in Blasen blubberte. Nun wurde der Schmand auf eine mit kaltem Wasser abgeschreckte Porzellanplatte gegossen. Eine Stunde musste man mindestens warten, bis die erkaltete Masse mit einem breiten Küchenmesser in Würfel geschnitten werden konnte oder nicht. Nun entschied sich, ob die Qualität von Butter, Zucker und Sahne, sowie die Dauer des Rührens Anlass zur Zufriedenheit boten. Ließ sich das Messer geschmeidig führen, ohne festzukleben oder nur mit äußerster Kraft durch einen steinharten Guss zu meißeln, war das Werk gelungen. Die quadratischen Stückchen wurden in einer mit Pergamentpapier ausgeschlagenen Dose aufeinander gesetzt und bis zu Beginn der Adventszeit im Küchenschrank verwahrt. Die unförmigen Randstücke kamen jedoch auf einen kleinen Teller und durften vernascht werden. Der Schmand zerging auf der Zunge und selbst auf dem Flur duftete es nach Schmandbonbons. „Morgen Kinder wird's was geben, morgen werden wir uns freu'n."

Am Morgen des ersten Advents beeilte ich mich, noch im Nachthemd, nach dem am Vorabend auf das Fensterbrett im Wohnzimmer aufgestellten Frühstücksteller zu sehen. Das Christkind hatte immer über Nacht einen glitzernden Adventskalender dazugestellt und den Teller gefüllt. Im Bett breitete ich die Köstlichkeiten aus, um mich an ihrem Anblick zu erfreuen: Schmandbonbons, kleine Schokoladenkränze und -brezeln mit bunten Perlchen, rote, grüne und gelbe in Zuckerkörnern gewälzte sternförmige Frucht-Gelee-Kringel, goldene Taler, Buchstaben aus russischem Brot, Dominosteine, ein mit goldener Schnur gepacktes Paket aus kleinen Schokoladentäfelchen, von dem jedes in einem andersfarbigen Papier eingeschlagen war, eine goldene Kugel mit Fransen aus Goldfolie, die um ihren Äquator strahlten, Lebkuchenherzen mit Schokoladenüberzug und der Adventskalender. Wieder kleine Engel, diesmal in der Winternacht bei Rehen und Häschen im Schnee und in der Ferne die erleuchteten Fenster im Dorf.

„... haben Frauen buntes Spielzeug fromm geschmückt ..." und der Himmel voller Sterne und überall glitzernder Silberstaub. War das schön! Wo war die Zahl eins? Wenn man von hinten etwas dagegendrückte, sprang das Türchen auf. Ein kleines Bildchen erschien, ein Eichhörnchen! Manchmal konnte man gleich darauf die Nummer 2 öffnen, je nachdem, der wievielte Dezember es war. Natürlich interessierte ich mich auch dafür, wo die ‚24' lag. Sie hatte meist eine wesentlich größere Tür als alle anderen Zahlen. Was wohl dahinter lag? Aber anders als Bernhard, der heimlich gleich am ersten Tag alle Bilder hinter den Türchen betrachtete und danach kein Interesse mehr am Kalender zeigte, zügelte ich meine Neugier, um mir nicht selbst die tägliche Freude zu verderben.

Wie schlimm sich Neugier auswirken konnte, hatte ich einmal selbst erfahren. Omi war gegen Abend nach Hause gekommen. Man hörte sie mit Papier rascheln. „Ich war beim Christkind", berichtete sie verheißungsvoll und schloss den Kleiderschrank. Was hatte das Christkind ihr mitgegeben? Diese Frage ließ mir keine Ruhe. Sobald meine Großmutter in der Küche verschwunden war, nutzte ich die Gelegenheit, um im Schrank nach dem Päckchen zu suchen. Hinter den Frotteehandtüchern war eine kleine Papiertüte. Was war drin? Hatte ich Zeit, ungestört nachzusehen? In der Küche klirrte Besteck. Omi deckte den Abendbrottisch und sang: „Ihr Kinderlein kommet, oh kommet doch all ...". Ich fasste in die Tüte und zog ein Stück Stoff heraus. Es war ein Nicki-Tuch, weiß, mit vielen bunten Punkten darauf und einem roten gefransten Rand. Schnell stopfte ich es wieder zurück in die Tüte und verstaute sie an ihrem ursprünglichen Aufbewahrungsort. „Na, Herzchen?", empfing mich meine Großmutter ahnungslos in der Küche. Ich konnte ihr nicht in die Augen schauen. Sie merkte es nicht.

Bald war Heiligabend. In der Wohnung duftete es nach Schmandbonbons, gebackenen Plätzchen, Pfefferkuchen, Orangen, Nelken, Zimt und angesengtem Tannengrün, mit dessen Geruch meine Großmutter, die glimmenden Zweige weit von sich haltend und im Raum hin- und herschwenkend, die Vorfreude auf den wichtigsten Abend im Jahr noch verstärkte. Einen Wunschzettel an das Christkind hatte ich geschrieben, Bilder von Engeln an der Himmelstür unter dem zweistimmigen Gesang mit Omi „Macht hoch die Tür, die Tor macht weit" oder einem Solo „Vom Himmel hoch, da komm ich her" gezeichnet, Strohhalme geschlitzt, gebügelt und Sterne daraus gebastelt, Topflappen gehäkelt, Brotkorbdeckchen bestickt, Spanschächtelchen mit Blumen bemalt, Taschentücher für meinen Onkel gekauft, die Geschenke eingepackt und mit Fächern aus Gold- und Silberpapier verziert. Und dann war es soweit.

Der 24. Dezember war da. Der Tag begann mit hektischem Treiben. Es war noch einkaufen zu gehen. Die bestellte Gans für den ersten Weihnachtsfeiertag war abzuholen. Der russische Heringssalat musste noch geschnippelt werden: „Ganz kleine Würfelchen, sonst schmeckt es nicht!" Während ich die gekochten Eier einmal längs und einmal quer durch den Eierschneider drückte und die Pellkartoffeln schälen durfte, Mutti den Essiggurken zu Leibe rückte und ein Stück Lyoner bearbeitete, zerschnitt meine Großmutter Matjesfilets, zerhackte eine kleine Zwiebel, worauf wir unter Tränen weiterarbeiteten. Zwei geschälte Äpfel durften nicht fehlen und natürlich die gekochte Rote Beete, die dafür sorgte, dass die in einer großen Schüssel gemischten Zutaten nun alle eine rote Farbe annahmen, ebenso wie das Holzbrett, die Messerklinge, das Wachstuch und die Hände von Omi, alles blutrot. Die Böden der Apfelsinentorte mussten gebacken sein. War das Bier für Onkel Wolfi kaltgestellt? Ein Kaviarbrot lag beim Bäcker für uns bereit. Daraus sollten kleine Häppchen gerichtet werden, mit Kaviar, Roquefort, Eierscheiben und Sardellenpaste, künstlichem, versalzenem Lachs aus orange gefärbten Seelachsschnetzeln. Die Kohlpastete war schon einen Tag vorher angefertigt worden, sie musste am Abend nur noch im Backofen aufgewärmt werden, so schmeckte sie besonders gut. Das Krebsfleisch aus Russland wartete in der Dose. Aber die Klare Ochsenschwanzsuppe von Knorr konnte noch vorbereitet werden. Sie wurde mit einem Schuss Madeira verfeinert.

Spätestens um zwei Uhr mittags war das Abendessen angerichtet und der größte Hunger mit einer Gemüsesuppe gestillt. Danach begaben wir uns zur Ruhe, denn der Abend sollte in erholtem Zustand verbracht werden.

Diese Zeit der Stille nutzte Onkel Wolfi, um den Weihnachtsbaum im Wohnzimmer zu richten. Tage zuvor stand er noch verschnürt in einer Kellerecke. Die Holzreste neben den

Eierkohlen verrieten später, dass mein Onkel ihn hatte kürzen und zurechtsägen müssen, damit er in den Ständer und auf den Wohnzimmertisch passte. Onkel Wolfi beschäftigte sich mehrere Stunden mit dem festlichen Aussehen der Fichte und stillte seinen von der trockenen Zimmerluft und der anstrengenden Arbeit entstandenen Durst von Zeit zu Zeit mit einem Schlückchen Bier.

Omi liebte ich in ihrem dunkelgrünen Wollkleid mit wunderbar weichem Leopardenfell.

Um halb fünf zogen wir unsere schönsten Kleider an. Mutti trug ein ausgeschnittenes Cocktailkleid aus schwarzem Organza, eine eng am Hals liegende Strasskette mit Blüten aus grauen Glassteinen und dazu passende Ohr-Clips. Sie glitzerten auf der blassen Haut. Omi liebte ich in ihrem dunkelgrünen Wollkleid mit am Oberteil eingearbeitetem wunderbar weichem Leopardenfell. Mein Onkel hatte schwarze Hosen, ein weißes, gestärktes Oberhemd mit Manschettenknöpfen und eine silbergraue Krawatte an. Er strahlte. Seine Nase war ein bisschen gerötet. Er ging ins Wohnzimmer, um die Kerzen anzuzünden. Dann öffnete er die Tür und klingelte mit einem Glöckchen nach uns. „Das Christkind war da!“, rief er uns durch den Flur entgegen. Endlich!!

Aus dem Radio klang Glockengeläut, als wir den Festraum betraten.

Das Licht der Kerzen flackerte ein wenig durch den Luftzug, den unser Eintreten verursachte. Wir standen still. Dieser Weihnachtsbaum! Welche Pracht! Er stand auf dem runden Esstisch. Der achteckige Stern aus Goldlamé auf seiner Spitze berührte die Zimmerdecke.

Mutti umarmte mich, Chanelgeruch: „Frohe Weihnachten." Ihr Lippenstiftmund kam mir gefährlich nahe. Da war es auch schon passiert. „Ach herrje", spuckte sie auf ein Taschentuch, das unter dem Sofakissen bereit lag, und versuchte die roten Spuren auf meiner Wange abzureiben. Ekelhaft! Omi strich mir über den Kopf. Sie roch nach Lavendel aus der grünen Flasche: „Fröhliche Weihnachten, mein Herzchen!" Die muskulösen Arme meines Onkels schlangen sich um mich, während er seine nur ein bisschen kratzende Wange an mein Gesicht drückte: „Frohes Fest, Püppi!" Ein gemischter Geruch von Rasierwasser und Bier strömte mir entgegen.

„Setzen wir uns doch!", forderte Omi auf. Onkel Wolfi goss uns Sekt ein und erhob sein Glas: „Auf ein frohes Weihnachtsfest!" Jeder trank einen Schluck und dann wurde es sehr still. Wir betrachteten den Baum. Wie war er schön! Seine Äste, mit silbernen, sorgfältig dicht aneinander gereihten Lamettafäden geschmückt, breiteten sich in mehreren Stufen gleichmäßig nach allen Seiten aus. Die weißen Kerzen standen aufrecht in ihren silbernen Haltern, sodass kein Wachs tropfte. Ihr ruhiges Licht fiel auf den bunt glitzernden Weihnachtsbaumschmuck. Große Kugeln hingen tief im Innern des Baumes, kleinere ragten zusammen mit Glöckchen und beschneiten Tannenzapfen an den Zweigen weit ins Zimmer hinein. Ach, da war ja auch der kleine Schneemann! Jedes Jahr hing er an einer anderen Stelle und drehte uns den Rücken zu, als betrachte er den Baum. Auf den obersten kürzesten Zweigen klemmten Vögelchen mit seidig schimmerndem Schwanz aus steifem weißen Perlonhaar.

Omi wischte sich die Tränen ab und auch bei meinem Onkel schwammen die Augen in einer wässrigen Lösung. Schnell nahm er noch einen Schluck. Mutti strich mit ihren schlanken gepflegten Händen unter ihrem Po den Rock ihres Kleides glatt, damit er nicht zerknitterte.

Nun stand ich auf, trat vor den Baum, sah alle bedeutungsvoll an und begann mit meinem Vortrag des Weihnachtsgedichtes: „Markt und Straßen stehn verlassen ...". Diese ergreifenden Worte! Am liebsten hätte ich auch geheult. „Schön hast du das gemacht", lobte mich meine Mutter und streichelte mir über das Knie, nachdem ich wieder Platz genommen hatte. Onkel Wolfi prostete mir anerkennend zu.

„Stille Nacht", sang ein Kinderchor und wir stimmten mit ein. Und auch bei den anderen Weihnachtsliedern aus dem Radio konnten wir zumindest jeweils den Text der ersten Strophe mitsingen und verfielen dann in ein Summen.

Danach las Omi die Weihnachtsgeschichte aus der Bibel: „Es begab sich aber zu der Zeit ...", und wir hörten aufmerksam zu.

Inzwischen waren die Kerzen heruntergebrannt und die Stehlampe musste angeknipst werden. Der Sekt war alle, aber Bier war noch da. Wann es etwas zu essen gäbe, fragte mein Onkel. Aber da musste er sich gedulden, jetzt kam erst die Bescherung.

Viele liebevoll verpackte Päckchen unter dem Tannenbaum waren die ganze Zeit über unter einem bis zum Boden reichenden weißen Laken unseren Blicken verborgen geblieben. Nun schlug Omi das Tuch zurück.

Es war Tradition, dass unter der Aufmerksamkeit aller immer nur ein Geschenk übergeben, ausgepackt und bewundert wurde. Dabei war ein unbeherrschtes Aufreißen des Papiers nicht angebracht, es hätte das Bemühen des Schenkenden nicht genügend gewürdigt. Danach bedankte man sich. Onkel Rüdiger pflegte dazu mit gespitzten Lippen und mit von rechts nach links schwenkendem Kopf von seinem Sessel aus reihum Küsschen zu verteilen, als ob er jedem dankte. Onkel Wolfi war eher verlegen, wenn er beschenkt wurde, hatte er ja für keinerlei Gegengaben gesorgt. Sein Geschenk war das Schmücken des Baumes.

Die meisten Weihnachtsgeschenke bekam ich. An diesem einen Weihnachtsabend jedoch war mir das gar nicht so wichtig. Was sollte ich machen, wenn ich das Nickituch auspackte? „Das ist für dich mein Kind, von uns", hielt Mutti mir ein rechteckiges Paket hin. Das Tuch konnte es nicht sein, dachte ich erleichtert und vergaß für einen Augenblick mein Unbehagen. Es waren zwei Bücher, ein Band mit deutschen Gedichten, einer mit Balladen. Ich drückte beide an mein Herz: „Danke, danke, vielen Dank", wiederholte ich überglücklich. Jetzt durfte ich schenken und meine Handarbeiten wurden von allen bewundert. Mutti bekam von Omi nun das nächste Geschenk. Sie rügte ihren Sohn, der sich schon wieder ein Bier aufmachte, da das Essen immer noch auf sich warten ließ. „Is ja schon gut", brabbelte er mit schwitzender Stirn leise und schenkte sich ein. Meine Großmutter kannte die Kleidergröße und den guten Geschmack ihrer Tochter. Die Bluse würde genau zu ihrem neuen engen, hellgrauen Flanellrock passen, über dessen plissierte Gehfalte ein Riegel geknöpft war. Ich bekam noch einen doppelten Deckfarbenkasten von Pelikan und einen weichen zartgelben Wollpullover mit U-Boot-Ausschnitt und quergestricktem Patentmuster.

„Und hier eine Kleinigkeit für dich, mein Liebling", übergab mir meine Mutter ein flaches Päckchen. „Ist mir heiß!", versuchte ich mein plötzlich rot gewordenes Gesicht zu erklären. Ich befühlte die Gabe. Sollte ich jetzt gestehen, dass ich wusste, was drin war? Langsam packte ich aus. „Was das wohl ist?", fragte ich, Neugier vortäuschend. „Mach schon auf", lallte mein hungriger Onkel und griff wieder zum Glas. Ich faltete das mir bekannte Tuch auseinander. „Oh, ein Nickituch!", bemühte ich mich um eine begeisterte Stimme und unterstützte meine von den anderen erwartete Freude durch ein breites Grinsen. Ich knotete mir das Geschenk um den Hals: „Ich muss gleich mal sehen, wie das aussieht", und rannte hinaus.

Mein Gott, wie erbärmlich ich mir vorkam, so Überraschung, Freude und Dankbarkeit zu heucheln.

Beim Hereintragen der Speisen half ich eifrig mit und wie herrlich hätte alles schmecken können, wenn mich das Tuch, das wieder säuberlich gefaltet zwischen meinen Geschenken lag, nicht immer an mein unehrliches Verhalten erinnert hätte.

Später lag es in der untersten Schublade der von Omi bemalten Holzkommode, ganz hinten und geriet in Vergessenheit.

Die Unbeschwertheit aber, mit der ich bisher gelebt hatte, verringerte sich immer mehr.

Am Neujahrsmorgen 1956 durchströmte mich ein eigenartiges Gefühl.

Zum ersten Mal in meinem Leben trug ich Nylonstrümpfe. Ich hatte sie an den Haltern eines Hüftgürtels befestigt, den ich über einem Unterhemd in der Taille mit kleinen Metallhaken in die entsprechenden Ösen gehakt hatte. Der Schlüpfer, den ich darüber zog, ließ zwischen den Strapsen meine Oberschenkel unbedeckt, denn er hatte keine Beine. Omi hatte mir ein neues Kleid genäht, aus leichtem Wollstoff, rosa mit winzigen schwarzen Pünktchen. Es hatte lange, schmale Ärmel und ein eng anliegendes Oberteil, das im Rücken mit dicht aneinandergereihten kleinen Knöpfchen aus schwarzen Halbkugeln zu schließen war. Daran war ein aus mehreren glockenförmigen Bahnen zusammengenähter Rock angekraust, der knapp über das Knie reichte. Ich drehte mich mit weit auseinandergestreckten Armen im Foyer. Der Rock schwang sich wie ein Teller um meine Taille. Meine Beine fühlten sich an, als seien sie ungeschützt der Winterkälte ausgesetzt. Aus meinen Sonntagslackschuhen war ich herausgewachsen. Ich trug nun ‚Ballerinas', flache, federleichte Halbschuhe aus weichstem Leder mit einer kleinen Lederschleife verziert, fast ohne Absatz mit hauchdünner Ledersohle, weit ausgeschnitten, sodass der Zehenansatz zu sehen war. Der Steinboden war eiskalt.

Im Februar brach sich Omi den Arm. Es war morgens passiert, während ich in der Schule war. Sie war auf dem glitschigen Küchenboden ausgerutscht und ins Krankenhaus gebracht worden. Meine Großmutter hatte zwar immer über Schmerzen in den Gelenken geklagt und dagegen dreimal täglich bunte Kapseln geschluckt – die Feuchtigkeit in der Küche, die im Winter in wässrigen Rinnsalen an den mit Ölfarbe gestrichenen Wänden herablief, sei an ihrem Rheuma schuld – aber ich hatte sie noch nie so krank erlebt, dass sie uns nicht versorgen konnte.

Nun war ich eine Woche lang tagsüber allein. Ins Bräustübchen neben dem Capitol ging ich zum Mittagessen. Mein

Onkel hatte im Auftrag seiner Schwester für mich dort einen Mittagstisch im Voraus bezahlt. Einmal gab es endlos lange dünne Nudeln, die mir immer durch die Gabel rutschten, wenn ich sie zum Mund führen wollte. Wie sollte ich diese blöden Dinger essen? Hatte ich doch gelernt, beim Essen aufrecht zu sitzen und mit der Gabel den Weg vom Teller zum Mund zu bewerkstelligen. Bernhard aß immer mit rechts und links neben dem Teller aufgelegten Unterarmen, den Oberkörper so weit über den Tisch gebeugt, dass sein Mund dicht über dem Teller lag. So konnte er sich das Essen auf kürzestem Weg in den Mund schaufeln. Ich probierte es. Es klappte und wie bequem es war! Die Nudeln hatten keine Zeit von der Gabel zu fallen. Ich bekam sie in den Mund, doch das meiste davon hing noch außerhalb bis in den Teller hinein. Ich biss sie durch. Während ich die eine Hälfte nun zerkaute und herunterschluckte, rutschte der abgebissene Teil an meinem Kinn entlang in den Teller zurück. Vielleicht war es geschickter diese italienische Spezialität vor dem Verzehr mit dem Messer zu zerschneiden?

„Blödsinn!“, meinte Bernhard, der sich auskannte, „du musst sie einfach einsaugen!“

Als später Omi auf Wunsch meiner Mutter Spaghetti servierte, lernte ich, den Löffel zu Hilfe zu nehmen.

„Ellenbogen vom Tisch!“

Noch im selben Jahr erschwerte mir ein weiteres, sich wiederholendes Ereignis mein Dasein und verunsicherte mich. Als ich auf dem Klo saß, entdeckte ich in meiner Unterhose dunkelrote, fast schwarze Flecken. ‚Was war das?' erschreckte ich mich. Vor Jahren hatte ich auf dem Nachhauseweg vom Kindergarten in die Hose gemacht, weil ich es trotz schwitzendem Bemühen nicht mehr anhalten konnte. Breitbeinig hastete ich damals zur Toilette und befreite mich von der Berührung mit der braunen warmen Wurst in meiner Unterwäsche. Aber jetzt? War das Blut? Ich roch. Hatte ich mich verletzt? Zu sehen war nichts. Hatte ich mich nicht gut genug gewaschen? Das brauchte niemand zu wissen. Ich steckte den verdreckten Schlüpfer tief unter die anderen Teile der Schmutzwäsche und zog rasch einen frischen an. Zunächst war ich erleichtert, keiner hatte etwas bemerkt. Doch einige Wochen später überraschten mich erneut Blutflecken in der Unterhose. Diesmal waren sie jedoch hellrot und ganz frisch. Die musste man doch schnell herauswaschen können? „Was machst du da?", wunderte sich meine Großmutter, der man auf Dauer nichts verheimlichen konnte.

Mutti staunte nicht schlecht, als ihr am Abend die Nachricht zukam: „Das Kind hat seine Tage!" Was immer das zu bedeuten hatte, ich verstand es nicht. Ich sei nun geschlechtsreif, offenbarte man mir. Von da an musste ich diese Tage mit Kreuzchen im am Küchenschrank mit Reißzwecken befestigten Kalender machen. Anfang, Dauer und Ende waren so dokumentiert und es stellte sich heraus, dass diese Schweinerei mit ihren damit verbundenen Erschwernissen alle 28 Tage von Neuem begann. In dieser Zeit saß ich mehrmals am Tag in einer Schüssel mit lauwarmem Wasser, um die mit Blut verkrusteten Schamhaare zu befreien und dem süßlichen Gestank von Verwesung entgegenzuwirken. Dem eventuell verstärkten Geruch unter den Armen begegnete ein Deodorantstift.

Keiner sollte wissen, wie es um mich stand. „Darüber spricht man nicht!"

Mich hinderten meine Tage allerdings nicht daran, mit meinen Freunden im Hof Fuß-, Völker- oder Federball zu spielen. Im Gegenteil, je mehr ich herumtobte, desto weniger blutete ich. Und wenn nicht ab und zu die angelegte Binde sich gelöst und durch die sportliche Bewegung von ihrem ursprünglichen Platz in Richtung Rücken oder Bauch unpassend verrutscht wäre und zur erforderlichen Korrektur gezwungen hätte, wäre die Unpässlichkeit für Stunden in Vergessenheit geraten.

Am Turnunterricht in der Schule konnte ich aber nicht teilnehmen. Die Binde, die mir Omi stets im Zehnerpack aus der Apotheke besorgte, ich selbst genierte mich bei diesem Einkauf, drückte sich durch die Turnhose ab. Jeder hätte dann sehen können, wie es um mich stand, das wäre zu peinlich gewesen. Also saß ich einmal im Monat, durch eine in einem kleinen Heftchen entschuldigende Unterschrift meiner Großmutter, mit Datum versehen, als Zuschauer auf einer an der Turnhallenwand aufgestellten Bank. „Wieso turnst du nicht mit?“, fragten meine unwissenden Schulkameradinnen. „Mir geht es nicht gut.“ Aber das stimmte eigentlich nicht.

Erst ein halbes Jahr später hatte ich das eine oder andere Mal Gesellschaft auf der Zuschauerbank. Warum, konnte ich manchmal sogar riechen. Wuschen die sich denn nicht?

Die sportliche Auszeit kam mir besonders im neu hinzugekommenen Schwimmunterricht sehr gelegen.

So oft es ging, versuchte ich dem Aufenthalt im Hallenbad und der körperlichen Ertüchtigung im Wasser zu entgehen. Schon die feuchte, stickige Luft und der Chlorgeruch in der Halle waren mir zuwider. Das Auskleiden in der engen Kabine, bei dem man unter Verrenkungen aufpassen musste, dass die Bekleidung nicht die von den vorhergehenden Besuchern zurückgelassenen Wasserlachen auf dem Boden streifte. Dieses beschwerliche Hineinzwängen in den mit Gummischnüren gesmokten Badeanzug, der dann wie eine Wurstpelle an der Haut klebte und bei Schwimmbewegungen oft bis zur Entzündung an den Brustwarzen scheuerte. Wie sollten die langen Haare ohne Ziepen unter die Badekappe gestopft werden? Wozu überhaupt diese scheußliche Kopfumklammerung, wenn trotzdem das Wasser eindrang und man am Ende mit klitschnassem, nach Chlor stinkendem Haar nach Hause ging? Das Frösteln, wenn man aus der Umkleidekabine mit nackten Füßen die Steintreppe hinunter zur Brause tapste, immer bedacht, auf dem rutschigen Boden nicht auszugleiten! Welche Überwindung sich unter die eiskalte Dusche zu stellen! Und dann diese Brühe des Nichtschwimmerbeckens, durch die man anfangs noch schreitet, deren Tiefe aber zunimmt, je mehr man sich dem zum Schwimmerbereich abtrennenden Stahlseil nähert! Nun haben die Füße keinen Bodenkontakt mehr, die Hände klammern sich um den metallenen Strang. Ich hasste es, nassgespritzt zu werden. Hastig schwamm ich einige Stöße zum sicheren Beckenrand, von da im Brust- und Rückenschwimmen am Rand entlang, jederzeit bereit, mich festzuhalten, wenn sich mir jemand zu nähern drohte oder durch falsch eingeteilte Atmung mich die Kräfte verließen. Die Schwimmbewegungen hatte ich im nachmittäglichen Schwimmkurs zuerst an Land und dann im Wasser mit Korkplatten um den Bauch und an einer Angel gehalten geübt. Das Kraulen hatte man mir jedoch nicht beigebracht. Auch das Tauchen und Benutzen des Sprungbrettes waren mir erspart geblieben.

Jetzt erwartete man von mir das Erringen des Freischwimmerabzeichens. Eine Viertelstunde schwimmen ohne sich festzuhalten, einer hinter dem anderen, immer im Kreis herum, unmittelbar vor sich gefährlich nahe die Wasser aufpeitschenden Füße des Vordermannes! Der Zeiger der großen Wanduhr brauchte sehr lange, um sich weiterzubewegen. Schließlich waren fünf Minuten vorbei. Meine Arme waren bleischwer, mühsam reckte ich den Hals, damit nicht Wasser in die Ohren oder gar in die Nasenlöcher dringen konnte. Die Lippen fest aufeinandergepresst, drohte ich fast zu ersticken. Ein Wasserspritzer in mein Gesicht brachte Arm- und Beinkreise aus der Koordination und ließ meine Augen brennen. Die Bewegungen wurden hektischer, um ein Untergehen zu verhindern. Schließlich zwang mich ein Wadenkrampf zur Beendigung meiner sinnlosen Bemühung, eine Auszeichnung zu erringen. Erlöst gab ich auf.

Schwimmen – mangelhaft – stand später im Zeugnis.

Jürgen brauchte davon nichts zu wissen. Obgleich, in seinem Zeugnis der Gewerbeschule standen gar keine Noten – wegen zu häufigen Fehlens. Stolz zeigte er mir das Dokument und lachte darüber. Dafür hatte er ausschlafen können, keine Hausaufgaben gemacht und Zeit gewonnen. Für mich, wie er versicherte.

Ich bewunderte ihn.

Ich war glücklich, wenn er mich besuchte. Alles andere war unwichtig. Von mir bestätigt, brach er die Lehre zum kaufmännischen Angestellten bald ab, so konnten wir uns öfter treffen. Dann standen wir stumm beieinander und sahen auf das Bahngelände. Manchmal kutschierte er mich mit seinem Fahrrad einige Runden im Hinterhof. Da saß ich auf der Fahrradstange, eingeklemmt zwischen seinen zum Lenker gestreckten Armen, seinen Atem ganz dicht an meinem Hals. Er fuhr geschickt und achtete behutsam auf meine Sicherheit.

Auch auf seine acht Jahre jüngere Schwester Ingrid müsse er manchmal aufpassen, sein älterer Bruder und seine Mutter gingen arbeiten. Sein Vater habe Architektur studiert und sei im Krieg gefallen, 1942, ein Jahr nach seiner Geburt. Seine Mutter sei früher Tänzerin gewesen. Ingrid sei unehelich, ihr Vater ein Polizist und mit einer anderen Frau verheiratet.

„Ich wohne in der Gaisbergstraße. Komm mich doch einmal besuchen."

„Mal sehen, vielleicht."

Es vergingen Monate, bis ich mich breitschlagen ließ, Jürgens Zuhause kennenzulernen. Ein altes schmales, hellgrün gestrichenes Haus in der Gaisbergstraße, zwischen Ried- und Bunsenstraße, die steil zur Rohrbacher Straße abfiel. Dort hatte er manchmal seine kleine Schwester im Kinderwagen herunterrollen lassen und jedes Mal Mühe gehabt, sie wieder unten rechtzeitig vor dem Verunglücken einzufangen.

Eine schmale Holzstiege führte an der im Parterre liegenden Wohnung des Hausbesitzers vorbei ins erste Stockwerk und endete direkt gegenüber der Etagentoilettentür. Rechts, am

Anfang des beginnenden Treppenflures, ging es zur Küche. Sie war durch zwei hohe gardinenlose Fenster, die zum Hof und über die tiefer liegenden Häuser der Weststadt blicken ließen, mit Licht durchflutet.

Die durch eine Tür abgetrennte Speisekammer war sein Zimmer. Es hatte kein Fenster und bot links lediglich Platz für ein Bett, eingeklemmt zwischen drei Wänden und rechts gegenüberliegend für einen Tisch mit Stuhl und einen schmalen Schrank. Trotz geöffneter Tür war nicht genügend Helligkeit im Raum und er drehte an einem Drehschalter die Deckenbeleuchtung an. Alle Wände und sogar die Kammerdecke waren so dicht beklebt mit Abbildungen von Stars aus der Musik- und Filmwelt, dass kein Stückchen Tapete oder Verputz mehr zu sehen war. Stolz zeigte er mir die von ihm gesammelten Bilder der Berühmtheiten: Freddy Quinn, Catharina Valente, Bill Haley, Bibi Johns und mir bis dahin noch Unbekannte wie Harry Belafonte, James Dean, Satchmo, Gene Vincent, Grace Kelly, Karin Baal, Horst Buchholz „... und hier ist ... und da habe ich ein Bild von ... den liebe ich besonders ... das ist ganz selten ...“ So viele Bilder! Wo sollte man zuerst hinschauen? Das Auge wurde durch die Fülle abgelenkt, dass es einem schwindelig werden konnte. Beeindruckend!

Nach der Besichtigung aßen wir am Küchentisch, ohne Teller und Serviette zu benutzen. Er hatte Brotkeile abgeschnitten, die er, ohne eine Unterlage aus Butter zu schaffen, direkt mit einfacher Mettwurst dick bestrich und mit Senf, den er mit dem gleichen Messer aus einem Glas schaufelte, würzte. Das schmeckte gut! Die Krümel strich er mit dem Unterarm auf den gescheuerten Holzfußboden und warf das benutzte Messer in die steinerne Spüle, in der schon etliche Teller und Töpfe auf Säuberung warteten.

An diesem Nachmittag lernte ich auch seine Mutter kennen. Sie kam von der Arbeit. Sie putzte im Haushalt eines Kaffeeröstereibesitzers in Neuenheim. „Hallo, Mama; das ist Marion aus der Bergheimer Straße.“ „So?“ Sie ging mit heruntergezogenen Mundwinkeln wie beleidigt an uns vorbei, stellte zwei mitgebrachte Einkaufstaschen ab, etwas außer Atem, blass mit dunklen Ringen unter den auf mich spöttisch blickenden Augen, überprüfte, ohne uns weiter zu beachten, mit einer Eisenstange stochernd, die heruntergeglühten Reste im Herd, nahm die mit gewärmtem Wasser gefüllte Kasserolle, kippte sie ins Spülbecken und begann wortlos das mit Essensresten verkrustete Geschirr zu spülen. „Komm, wir gehen!", zog er mich aus der Küche und begleitete mich heim.

Man geht nicht zu einem Kerl in die Wohnung, hatte ich meine Großmutter einmal sagen hören, schon gar nicht, wenn er einem seine Briefmarkensammlung zeigen will. Davon hatte er aber nichts gesagt.

Außerdem, Briefmarken hatte ich selbst. Onkel Wolfi hatte mit dem Sammeln begonnen. Von da an half ich ihm, Marken für das Einkleben in einem Album vorzubereiten. Aus Briefumschlägen ausgeschnitten, wurden sie in lauwarmem Wasser aufgeweicht, um sie vom Papier zu lösen. Mit einer Pinzette mussten sie vorsichtig, damit kein Zacken der Umrandung beschädigt wurde, aus dem Wasser gefischt werden. Zwischen zwei Löschblättern getrocknet, warteten sie auf endgültige Verwahrung. Mein Onkel war jedoch schon bald an dieser Freizeitbeschäftigung desinteressiert, sodass ich alle Aufgaben übernahm und mit der Zeit einen Bestand von mehreren Alben, den ich ständig erweiterte, stolz betrachten konnte. Onkel Rüdiger hatte für Einsteckalben und hin und wieder für gekauften Nachschub zum Einsortieren gesorgt. Prächtige Darstellungen von Fantasieblumen und -vögeln aus mir völlig unbekannten Ländern steckten neben dem Profil der Königin Elisabeth, den blauen Notopfer-Marken für zwei Pfennige, die eine Zeit lang zusätzlich auf jedem verschickten Brief klebten, den langweiligen Männerköpfen von Hitler, Adenauer und Papa Heuss, den Helvetia-Marken und den Abbildungen berühmter Bauwerke aus verschiedenen Kontinenten. Schließlich besaß ich eine stattliche Sammlung, die ich Jahre später plötzlich schmerzlich vermisste, da mein vorbildlicher Onkel Wolfi sie verkauft hatte. Ohne mein Wissen, ohne mein Einverständnis, er habe das Geld gebraucht, was ginge es mich an, es seien seine Marken.

Hilflosigkeit. Empörtes Aufbegehren, Wut und Hass – sinnlos.

Ich musste mich mit dem Verlust abfinden.

Was war denn so schlimm, wenn wir bei Jürgen waren?

Wir hörten Schallplatten oder Musik vom Sender Radio Luxemburg.

Alle in meinem Umfeld redeten nur schlecht über ihn. „Dieser Halbstarke! Wie der schon aussieht!“, rümpfte meine Mutter die Nase, „diese Haare, diese Amikleidung! Abschaum!“ Einige meiner Freunde nannten ihn einen „Schläger“. Er hatte mir den Schlagring in seiner Tasche gezeigt, ihn über seine Finger gestreift und mir erklärt, dass er zur Verteidigung bereit sei, wenn einer angreifen würde. Die Älteren, zum Beispiel, vom Fuchsenei, einem Spielplatz in der Weststadt, die es nicht leiden konnten, wenn sie dort am späten Abend beim Rendezvous mit ihren Mädchen gestört würden. Er träfe sich, wenn es dunkel wird, mit seinen Freunden auf dem Wilhelmsplatz. Jeder von ihnen habe eine Waffe. Peter habe eine Gaspistole, Dieter einen Totschläger, Ottel ein Schmetterlingsmesser. Für alle Fälle. Bis jetzt habe noch keiner gewagt, mit ihnen Krach anzufangen. Auch in der Eisdiele Venezia, gleich am Anfang der Hauptstraße, wo sich nach Meinung meiner Mutter ‚der Pleps“ traf, war es bisher zu keiner körperlichen Auseinandersetzung gekommen. Dabei konnte man in der Zeitung oft von Schlägereien in der Altstadt oder in der Bahnhofsstraße lesen. Meist waren die Beteiligten jedoch betrunkene amerikanische Soldaten. Dann räumte die Military Police, genannt MP, auf.

Auf unserem Hof hatten alle Respekt vor ihm. Er war stark! Er passte auf, dass mir keiner zu nahe kam. Alles Schlechte hielt er von mir fern. Einmal stieß er mit dem Fuß hastig und ärgerlich einen kleinen, etwa fingerlangen schmalen weißlichen Gummischlauch, der verbeult hinter dem Kino auf unserem Spazierweg lag, zur Seite, als wolle er ihn vor mir verbergen. „Was ist das?“, fragte ich ihn. „Nichts für dich!“, bestimmte er, legte seinen Arm um meine Schultern und zwang mich mit sanftem Druck weiterzugehen. Er wusste mehr als ich und wir profitierten alle davon. Unsere Spiele auf dem Hof veränderten sich. Ich war Zuschauer. Die Jungen klopften sich mit Kartenstapeln auf die Handrücken. Wer feige dem Schlag auswich, musste einen Groschen bezahlen. Er hatte zwar aufgeschlagene, blutige Haut über den Mittelhandknochen, dafür klapperten aber die Münzen in seiner Brusttasche. Die wurden dann gleich wieder zur Vermehrung im Wettstreit mit meinen Freunden knapp über dem Boden an eine Wand geworfen. Geschickt gelang es ihm immer, mit seinem Geldstück der Wand am nahesten zu sein. Dann sammelte er seinen Gewinn ein und ließ sich so lange immer wieder zur Revanche überreden, bis die anderen ihr Geld verspielt hatten.

Aber als meine Freunde mich aufforderten, nackt wie sie durch die Strohburgen zu rutschen, überzeugte er mich, dass es besser für mich sei, an diesem Spiel nicht teilzunehmen. Auch das Rauchen solle ich lassen, bestimmte er, während er mit dem Daumen die Kappe seines Feuerzeugs wegdrückte und sich mit schräg zur Seite gelegtem Kopf und zusammengekniffenen Augen eine Zigarette im Mundwinkel anzündete. Ich hörte auf ihn.

Wie sinnvoll das war, wurde mir einige Wochen später klar, als mich, gerade von der Schule heimgekehrt, die Nachricht überraschte, auf dem Bahngelände hätte es gebrannt. Die Polizei habe sich bereits umgehört, um herauszubekommen, wer für die Brandstiftung zur Verantwortung gezogen werden könne. „Hast du etwas damit zu tun?" Mit gutem Gewissen konnte ich diesen Verdacht von mir weisen. Der Schaden war größer, als ich dachte. Unsere Strohburgen, in deren Nähe das Feuer wohl durch eine von meinen Freunden achtlos weggeworfene Kippe entfacht worden war, waren völlig niedergebrannt. Weite Teile des Bahngeländes waren schwarz verkohlt. Vom Stolzen Heinrich, dem Schmetterlingsstrauch und den vielen verschiedenen Gräsern, die sich seit Stilllegung der Bahngleise ausgebreitet hatten, war nur noch vereinzelt bizarr aufragendes schwarzes Gestrüpp sichtbar. Ein beißender Geruch von verbranntem Gummi machte deutlich, dass auch das Reifenlager in Mitleidenschaft gezogen worden war. Ein Großeinsatz der Feuerwehr hatte dem Flächenbrand Einhalt gebieten müssen.

Unser geliebter Aufenthaltsort war unbrauchbar geworden. Ich würde sowieso nicht mehr lange hier wohnen. Ein Umzug kündigte sich an. Vielleicht werde doch ein Lastenausgleich gezahlt und damit eine Eigentumswohnung der Landsmannschaftlichen Baugenossenschaft erworben werden können. Dann käme man hier endlich raus, weg aus diesem Milieu! Und meine Freunde? Die seien sowieso kein Umgang für mich, ‚dieses Gesocks!'

In diesem Zusammenhang bekam ich beim Abendessen unerwartet die erste und einzige Ohrfeige von meinem Onkel Wolfi, deren Wucht mich fast rücklings vom Stuhl kippen ließ.

Aufgebracht durch das ewige Schlechtmachen der Menschen, mit denen ich gerne zusammen war, hatte ich meiner Mutter trotz ständigem ‚keine Widerrede!' zu widersprechen gewagt und sie schließlich mit ‚du blöde Kuh!' beschimpft.

„So spricht man nicht mit seiner Mutter!", schrie meine Großmutter.

„Auf der Stelle entschuldigst du dich!"

Doch diesmal fehlte mir die Einsicht.

Ich rannte aus der Küche. Für den Rohrstock war ich wohl schon zu groß. Es folgte mir niemand.

Meine Mutter strafte mich mindestens eine Woche lang mit Nichtbeachtung. Doch dann wurde diese Haltung mir gegenüber aufgegeben, da die Auswirkungen einer schwierigen Kiefernoperation sie ins Bett zwangen. „Mutti geht es ganz schlecht, sei schön lieb zu ihr". Da trat ich an ihr Bett. Ihr Gesicht war dick aufgeschwollen und um sie herum roch es wie im Krankenhaus, in dem ich Omi besucht hatte. Blass und ungeschminkt streckte sie mir ihre Hand entgegen. Ihre Haare klebten ungepflegt am Kopf. „Ist alles wieder gut?", hauchte sie mir, durch die Schwellung beim Sprechen behindert, erwartungsvoll und kaum verständlich entgegen. „Alles gut", bestätigte ich und streichelte ihre Hand.

Der Nagellack an ihren Fingern war an einigen Stellen abgeplatzt. Sie tat mir leid.

Drei Wochen später ging es ihr wieder gut. Eine strahlende Frau, wunderbar zurechtgemacht, mit lockerem Haar und nach Parfum duftend. Sie hatte jemanden kennengelernt – an ihrer Arbeitsstelle. Übersetzer wie sie. Manchmal kam er sie abends besuchen; man merkte es zuvor an ihrem veränderten Verhalten. Keine Spur von Feierabendmüdigkeit, dazu Vorwürfe an Omi, sie habe nicht genug für Sauberkeit gesorgt. Herumfuchteln mit dem Staublappen, Aufschütteln der Sofakissen, Aufreißen der Fenster: „Ach, frische Luft!" Überprüfender Blick in den Spiegel. Inzwischen war für mich dann Schlafengehenszeit. Hastiges Umarmen: „Gute Nacht!" Ich bekam ihn nie zu Gesicht. Die Zwischentür wurde abgeschlossen, um ein ungewünschtes, unerwartetes Hereinplatzen eines Familienmitgliedes während seines Besuches auszuschließen. Auch Omi war an diesen Abenden aus dem Wohnzimmer ausgesperrt. Er kam, wenn ich schlief.

Am nächsten Morgen stibitzte ich mir im wieder zugänglichen Zimmer vom Glasteller auf dem Couchtisch, der zwischen zwei Weingläsern, einer leeren Weinflasche und einem mit Zigarettenstummeln gefüllten Aschenbecher stand, die übrig gebliebenen Konfektstückchen. Es duftete nach Rosen. Auf der Mahagoni-Kommode standen sie, dunkelrot, von ihm.

Meine Großmutter wurde mit der Zeit skeptisch. Sie traute dieser Harmonie nicht. Ihre Tochter schwebte. Merke sie denn nicht, was das für einer war? Nun, er sei ein toller Mann, gut aussehend, klug, gebildet, mit wunderbarer Stimme und so aufmerksam, schwärmte meine Mutter, unbeirrbar trotz dem unkenden: „Pass auf, pass bloß auf!"

Das beruflich bedingte Angebot, als gut bezahlte Dolmetscherin während eines Auslandaufenthalts zu arbeiten, schlug sie aus. Warum nur? Wir wären auch ohne sie zurechtgekommen. Doch sie wolle mit ihm zusammen sein. Sie sei ja so glücklich! Ich bekam es zu spüren, verhältnismäßig oft musste ich mich aus ihrer Umklammerung befreien, um dem unnatürlichen Abgeknutsche zu entgehen.

Anfangs lebte er allein in Mannheim und traf sich mit Mutti so oft wie möglich. Doch dann stellte sich heraus, dass Ehefrau und Kind, in München vorübergehend zurückgelassen, auf den Wohnsitzwechsel zu ihrem Familienoberhaupt warteten. „Lass die Finger von ihm. Der Mann ist verheiratet!", versuchte meine Großmutter auf ihre unvernünftige Tochter einzuwirken. Sie ließ sich nicht abbringen. „Er wird sich scheiden lassen", war sie sich sicher. Sie hätte besser auf Omi gehört.

Den weisen Rat Erfahrener habe ich in meinem eigenen späteren Leben dummerweise auch nicht beherzigt. „Durch Schaden wird man klug." Es sei denn, man wird vorher durch ihn vernichtet.

Zum zwölften Geburtstag bekam ich ein Tagebuch geschenkt.

Es sah aus wie ein Poesiealbum, in das man fein säuberlich auf mit Bleistift vorgezogenen, später wieder wegradierten Hilfslinien eine Lebensweisheit für seine Mitschülerin zum Besten gab; nicht so primitives Zeug wie „Lebe glücklich, lebe froh, wie der Mops im Haferstroh!“ oder „Mach es wie die Sonnenuhr, zähl die heiteren Stunden nur“, bekräftigt mit einem aufgeklebten kitschigen Rosenbild, sondern man zitierte zum Beispiel Goethe: „Edel sei der Mensch, hilfreich und gut“ und malte mit Holzfarbstiften einen Blumenstrauß dazu.

Auf dem weißen, glatten Papier konnte ich Gedanken, Erlebnisse, Gefühle festhalten, wie damals Anne Frank, von deren Schicksal ich durch die Leihbücherei erfuhr. Naiv vertraute ich meine Geheimnisse dem Buch an, ohne zu ahnen, dass meine Großmutter nun genauestens über meine Erfahrungen und Pläne informiert war. Und sie versuchte, mich zu retten.

An einem Nachmittag stand sie plötzlich vor uns.

Ich hatte mich, wie schon so oft, mit Jürgen im Klinikgarten verabredet.

Seitdem das Bahngelände als Spielgelände unbenutzbar geworden und mit meinen Freunden kaum noch etwas anzufangen war, trafen nur wir zwei uns, immer öfter. Hier, in diesem wunderschönen Garten saßen wir auf einer Bank, schlenderten auf den Kieswegen oder stiegen auf eine kleine Anhöhe am Rande des Gartens, wo wir im Schatten eines mächtigen alten Baumes, geschützt vor fremden Blicken, über die umgrenzende Mauer bis zum Neckar schauen konnten.

M und J hatte er mit seinem auf Knopfdruck aufklappenden Taschenmesser in die glatte Rinde der Buche geschnitzt, für alle Zeiten der Beweis, dass wir zusammen gehörten. Wenn er den Arm um mich legte oder meine Hand in seine nahm, fühlte ich mich geborgen. Voller Unruhe konnte ich es kaum erwarten, ihn am nächsten Tag wiederzusehen.

Eines Tages, wir standen uns gegenüber und schauten uns in die Augen, schlängelten sich seine Finger durch meine Haare.

Wie angenehm mir seine Nähe war. Er tastete über meinen Nasenrücken, meine Wangen, sein Daumen strich über meine Unterlippe. Ich schloss die Augen und spürte seinen Mund, weich, zärtlich und warm, und seine Zunge suchte vorsichtig die Berührung mit mir. Wie selbstverständlich mir das war. Doch da durchfuhr mich kurz ein Gedanke und ich entzog mich ihm: „Wenn ich jetzt ein Baby bekomme?“, fragte ich ihn ängstlich. „Davon bekommt man keine Kinder. Du brauchst keine Angst zu haben!“, beruhigte er mich, schlang seine Arme um mich und barg meinen Kopf sanft an seiner Brust.

Und abends lag ich im Bett, legte meine Hände auf mein Gesicht und stellte mir vor, er sei bei mir.

Ich hatte Sehnsucht nach ihm.

Wir waren gerade Hand in Hand auf dem Heimweg, als sich Omi uns in den Weg stellte.

„Was hast du hier zu suchen? Du kommst sofort mit nach Hause!“

Erschreckt hatten sich unsere Hände gelöst. Jürgen wurde von ihr völlig ignoriert. Ich warf ihm noch einen entschuldigenden Blick zu, bevor ich meiner erbosten Großmutter folgte.

„Tschüss!“

Was immer auch kam, wir würden uns wiedersehen.

Zu Hause wurde Gericht über mich gehalten. „Hier, hier steht es!“, rief Omi völlig fassungslos und schlug immer wieder mit dem Handrücken auf mein geöffnetes Tagebuch. „Du triffst dich mit dem? Du lässt dich von dem küssen? Welcher Skandal! Welche Schande! Zwölfjährige knutscht sich mit einem Proletarier!“ Wobei nicht klar war, was für sie schlimmer war.

Mich würgte aufsteigende Verzweiflung. Warum verstand man mich nicht? Warum redeten sie immer so abfällig von ihm?

Ich liebte ihn doch!

Ein weiterer Umgang mit ihm wurde mir verboten.

Von da an musste ich jeden Tag lügen.

Ins Tagebuch schrieb ich nie wieder.

Meine Kindheit war zu Ende.

1958 zogen wir um.

Ich saß vorne im Möbelwagen mit Kater Murri auf dem Arm. Nie wieder werde ich sonntags in seiner Begleitung über den Hof laufen und warten, bis Onkel Wolfi, mit Rasierschaum verschmiertem Gesicht, am Küchenfenster mich zum Mittagessen ruft. Keine Glasschüssel mit Würgerspeise wird jemals wieder auf dem Fensterbrett einladend leuchten.

Der Capitol-Gebäudekomplex wurde in den 60er Jahren abgerissen, das gewonnene Gelände mit unpersönlichem Beton verunstaltet.

Mit Jürgen traf ich mich weiterhin, heimlich. Ich vertraute nur noch ihm, keiner sonst wusste, was ich wirklich fühlte, tat und dachte. Wir hatten Fotos miteinander getauscht, so war er immer bei mir.

Leider habe ich sie Jahre später, blind vor Wut und Enttäuschung, alle vernichtet.

Wie es einer Frau gehen kann, die sich mit einem verheirateten Mann einlässt und nicht von ihm ablassen will, erlebte ich an meiner Mutter. Ein ständiger Wechsel zwischen Zu- und Absagen, Phasen der Hoffnung, der Glückseligkeit, der Mutlosigkeit, der Verzweiflung, erneuten Glückes, dann das endgültige Aus, das Alleinsein, immer noch Hoffen, Aussichtslosigkeit, verstrickt in eigenem Unglück, Einsamkeit, Krankheit, Tod – mit 57 Jahren.

Den oft selbst verschuldeten unglücklichen Werdegang aller Erwachsenen in meiner unmittelbaren Umgebung vor Augen und eigene Missgeschicke lehrten mich schließlich, vernünftigere Wege zu gehen. Und dabei habe ich heute noch den Lieblingsspruch meiner Großmutter im Ohr:

„Was die Notwendigkeit gebietet,
muss man tun,
oder aber,
man muss untergehen wollen.“

Nachwort

Nachdem ich meine Aufzeichnungen abgeschlossen hatte, fielen mir immer wieder neue, ungeordnete Bruchstücke noch nicht erzählter Erlebnisse ein, die eigentlich auch in das Mosaik meiner Kindheit gehören:

Capikeller, Papa Heuss, Scherenschleifer, ‚Belzenickel', Adenauer, Chuck Berry, Pettycoat, Rachengold, Nikolaus, Glennbahn, Thingstätte, ‚Schtri-schtra-schtro...', Schwarzes Schiff, Landschulheim, ‚You are my sunshine', Perry Como – Show im Fernsehen am Samstagnachmittag, Neckarstrand, Neckarinsel, Gais-, Dars-, Dilsberg, ‚Schellenbimmberles', Transistor-Radio, die sieben Weltwunder, Erika aus Friedrichsfeld, ‚A-B-C, die Katze lief im Schnee', ‚Wenn wir fahr'n, fahr'n, fahr'n...', ‚Tor!! Tor!! Tor!!!', Tipp-Kick, *Jorinde und Joringel*, *Molle mit dem grünen Schirm*, Ulrike aus der Schillerstraße, Sylvia vom Panoramaweg, Gewitter mit Hagel, Soraya, ‚Der Mond ist aufgegangen', ‚*Oh, diese Rasselbande*', Nylonhemden, Drehaschenbecher, Slipper, drei Stunden mit Pause: ‚*Das Gewand*', ‚Only You', ‚Lola *Montez*', ‚*Die drei Musketiere*', Kaleidoskop, Papierflieger, Kindergeburtstage, Sonnenfinsternis, Königsberger Klopse, ‚Stinkerkeller', geschnitzte Wanderstöcke, Fadenspiele, Stadthalle, ‚Stürmer', ‚Die Fahrscheine bitte!', Sommertagsstecken, *Die Heilige Schrift*, Hexenbiss und Fußabdruck, Schupo am Bismarckplatz, *Toxi*, Postkarte vom Bodensee: ‚Viele Grüße von Klaus', Zelten am Schwabenheimer Hof, Fahrradtour am Vatertag, Bikini, Uschi, Doris Day, Baby Doll, Elvis, Kissen auf dem Fensterbrett, Weitspucken, Schulorchester, Kulissenmalen, Höhle unter dem Tisch, Dufflecoat, Schnellstrickwolle mit Nadeln Nr. 6, Schlossbeleuchtung ...

Auf jeden Fall waren meine ersten 13 Jahre inmitten einer skurrilen Erwachsenenwelt so prall angefüllt mit anregenden Eindrücken, dass ich heute noch davon profitiere.

Die Kindheitserlebnisse blieben mir so, wie ich sie beschrieben habe, in Erinnerung. Mancher Beteiligte hat sie vielleicht anders empfunden. Die Namen meiner Angehörigen und der Heidelberger Lokalitäten sind wahrheitsgetreu wiedergegeben.

Alle anderen mich damals umgebenden Personen haben in Wirklichkeit andere Namen. Vielleicht wollen sie ja, falls sie noch leben, unerkannt bleiben.